バーチャル空間のビジネスと知財法務の教科書

【編著者】

弁護士・ニューヨーク州弁護士・上級VR技術者 関 真也〈編集代表〉

大阪大学大学院法学研究科 准教授 [illegible]也

株式会社Mogura代表取締[illegible]

日本法令®

はしがき

本書は、2022年に開催した日本知財学会20周年記念コンテンツ・マネジメント分科会連続研究会「日本を勝ちに導くXR／メタバースの知財政策と実務」（全６回）に登壇したメンバーから有志を募り、それぞれの得意とする領域を分担して１冊にまとめあげたものです。

2022年当時は、Facebookが“Meta”に社名変更したことをきっかけに、メタバースが急激に注目を集めるようになったばかりであり、知的財産法その他の法領域でメタバースその他のバーチャル空間に関する法律や政策、実務に注力する研究者、実務家は多くはありませんでした。そのような中、同研究会と本書執筆のメンバーとして、新しいテクノロジーに関わる法の理論と実務を切り拓く気概を持ち、かつ、このテクノロジーが実装され社会の中枢的な機能を果たすであろう数年、数十年先の未来を担う若手を中心とした研究者、実務家にお声掛けし、集まっていただくことができました。

また、こうした法律分野における研究・実務の発展には、バーチャル空間のビジネスに実際に関わる方々のご知見が欠かせません。本書では、第１章を中心に、バーチャル空間のビジネスにおいて突出した実績をおさめ、ユニークな取組みを行っている方々から、各自の専門領域に関する知見を詳しく解説していただきました。

同研究会の開催と本書の執筆等を通じた研究活動と実務への応用を継続的に試みてきた結果、バーチャル空間の知財法務の発展に一定程度寄与することができたと思います。このメンバーの中には、同研究会の当時はバーチャル空間に関する法律を取り扱っていなかった者でも、同研究会にとどまらず、立法、行政、民間団体等さまざまな場へと各自の専門領域で活躍の幅を広げている者もいます。

本書が、この新時代のテクノロジーを活かした社会を作り出していく研究者や実務家の裾野をさらに広げるきっかけとなり、ひいてはバーチャル空間に関わるわが国産業全体の発展に寄与することができれば幸いです。

本書の執筆中にも、バーチャル空間に関わるテクノロジーとビジネス、法整備の議論状況等の周辺環境はものすごいスピードで変化を続けています。このため、本書の内容は、各執筆者が担当した領域と執筆時期との関係を踏まえて理解することが重要です。そこで、各節の末尾に原稿提出日を記載していますので、読者の皆様におかれましてはご参考になさってください（法改正その他の動向に応じ、同日以後の校正で改められた箇所もあります）。

最後に、頼りない編集代表と難渋する執筆・編集作業に辛抱強くお付き合いくださった日本法令の吉岡幸子さまに、この場を借りてあつく御礼申し上げます。また、残念ながら本書にお名前を記すことができませんでしたが、同研究会や本書の企画にご協力いただいた方々に深く御礼申し上げます。

2024年４月22日

執筆者を代表して
編集代表・弁護士
関　　真也

【Contents】

第１章　バーチャル空間のビジネス

第1章

バーチャル空間のビジネス

【第1節】
XR・メタバースの基礎知識と動向

株式会社Mogura　代表取締役　久保田　瞬

Ⅰ．はじめに

XRやメタバースという言葉が聞かれるようになって久しくなりました。往々にしてこれらの言葉は、SFの世界で描かれているようなことをテクノロジーの力で実現するかのような、新しい体験を世の中にもたらす分野として期待を込めて使われます。「攻殻機動隊」、「マトリックス」、「サマーウォーズ」、「ソードアート・オンライン」、「レディ・プレイヤー1」等、古今東西さまざまなフィクション作品で描かれてきました。それゆえイメージが先行し、期待値だけが上がることを繰り返しています。

本節は、XR・メタバースの定義や技術のあり方、トレンド等を概観し、この分野を比較的冷静に理解することを目的とします。夢の世界に向かって着実に一歩一歩、歩みを進めていることが伝われば幸いです。

Ⅱ．XR・メタバースの定義・歴史・プレイヤー

1．定　義

しばしばXRとメタバースを並べて書かれますが、混同しているこ

とも多く注意が必要です。さらに、「VR」、「AR」、「MR」、「バーチャル」等の言葉と混同されることも多いようです。そこで、まずは言葉の整理をしておきましょう。

XR（エックスアール）とは、VR（Virtual Reality）やAR（Augmented Reality）等、人間の現実認識に作用する分野全般を指す用語です。もともと使われていた用語ではなく、2016年以降VRが一般的にも注目されるようになり、さらにARやMR等も登場したことで、これらの分野を包括的に呼ぶ言葉として業界内で登場しました。学術的な用語ではないため、明確な定義が作られているわけではありませんが、何かを代入する変数X（エックス）を使い、「○○ Reality」全般を指す言葉として使われています。

XRを構成するのがVR、AR、MRなので、これらについても簡単に紹介します。VRの意味は直訳すると「みかけや形は原物そのものではないが、本質的あるいは効果としては現実であり原物であること」とされています[1]。しばしば「仮想現実」と訳されますが、実際のところ「人間が世界と認識している物理環境」に対して、「人間が世界と認識してしまうデジタル環境（とそれを知覚させる技術）」を指します。まさにVRヘッドマウントディスプレイ（VRHMD）等のハードウェアは、視覚や聴覚に違和感のない情報を与えることでこの環境を実現するものとして登場しています。

一方のARは、しばしば「拡張現実」と呼ばれ、現実の物理環境にデジタル環境を重ね合わせて認識させる技術を指します。「ポケモンGO」でスマートフォンのカメラをかざすと、現実の物理環境に本来存在しないポケモンがいるかのように見えるシーンがよくARの例として紹介されます。VRと異なり、スマートフォンでの体験が主流ですが、一部ではマイクロソフトのHoloLensのようにウェアラブル型

【1】「バーチャルリアリティとは」日本バーチャルリアリティ学会ウェブサイト（https://vrsj.org/about/virtualreality/）。

のデバイスも登場しています。いずれもARを実現するには「違和感のない表現」が重要となり、高度な技術が必要となります。たとえば、“地面の上に存在しないキャラクターが立っていて、ちゃんと現実の光源を反映した影ができている”ARを可能にするには、コンピュータが瞬時に現実空間や光源を正確に推測し認識し続ける必要があります。

VRとARはいずれも物理環境とデジタル環境の関係を示した概念ですが、決してこれは物理環境とデジタル環境を二分するものではありません。MR（Mixed Reality）は、物理環境とデジタル環境が混ざりあった状態を示す、VRやARを包括した概念です。

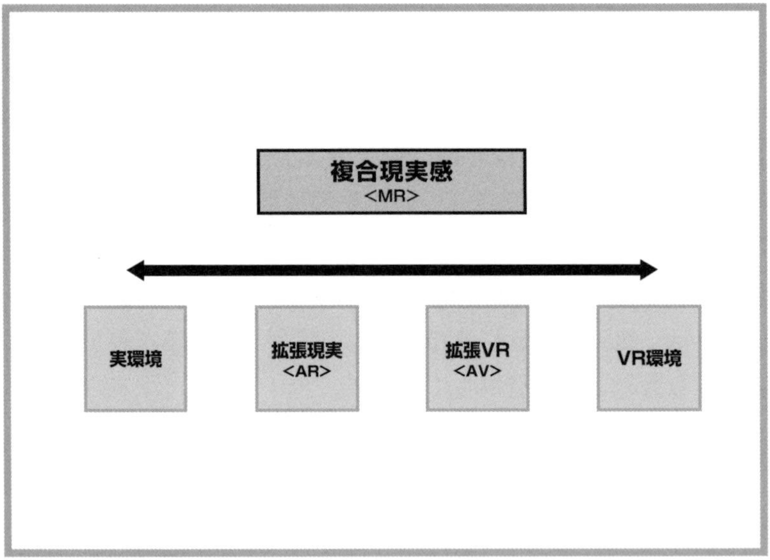

図表1-1-1：MRの概念図（トロント大学のPaul Milgramが1990年代に考案）【2】

【2】 Paul Milgram＝岸野文郎「A taxonomy of mixed reality visual displays」（1994）。図表1-1-1はMoguraにて作成。

続いてメタバースの定義を考えてみたいと思います。メタバースという言葉は、ニール・スティーブンソンというSF作家が1991年の「スノウ・クラッシュ」という小説の中で使ったのが初出です。作中では、バーチャル空間がそのように呼ばれていましたが、明確な定義がなされたわけではありません。その後、メタバースの世界観を実現するために各企業等が独自に解釈・定義を行っています。定義の中には、経済圏やWeb３等を必須項目として挙げるものもありますが、筆者は、さまざまなメタバースの定義の共通項として「３次元のインターネット」という定義で説明しています。これまで２次元の世界で行われていたインターネットの営みが空間的になり、全身体的になります。これはまさに「誰もが現実世界と同等のコミュニケーションや経済活動を行うことができるオンライン上のバーチャル空間」ということになります。いずれにせよ、メタバースに関する言説を見たときには、その論者がメタバースをどのようなものだと考えているか、注意することが重要です。

最後にXRとメタバースの関係について紹介します。メタバースはXRを構成するVRやARの定義でも説明したところのデジタル環境そのものです。デジタル環境の中でも、ネットワークに接続している「３次元のインターネット」です。そしてXRはそのメタバースの世界を知覚し、認識する技術ということになります。XRを通じて、私たち人間はメタバースにアクセスすることになります。なお、メタバースは３次元のインターネットですが、２次元のデバイス、すなわちPCやスマートフォンからも覗き込むようにアクセスすることは可能です。しかし、本来３次元の世界の価値を十分に享受するには、デジタル環境を３次元で認識できるXRが必要となるわけです。

2. 歴　史

昨今、盛り上がりを見せているXR・メタバースですが、突然登場したわけではありません。それぞれ少なからず何度もブームと下火になることを繰り返してきた経緯があります。前項でも述べたように、XRとメタバースは相互に関連しています。ここではあえて、2つの歴史を組み合わせて紹介していきます。

世界で初めて、デジタル環境を知覚する装置が作られたのは1968年のこと。ユタ大学のアイバン・サザランドが世界で初めてVRHMDを作ったとされています。その後もVRを体験する装置は研究室の中で使われ続けます。1980年代末から1990年代には「Virtual Reality」という言葉が一般的に使われるようになり、ゲームセンターや家庭用ゲーム機でもVRを体験できるデバイスが登場しました。当時は、性能が足りずに本格的な普及には至りませんでした。

一方、2000年代にはブロードバンドの普及によって常時インターネットに接続できるようになり、MMORPG（大規模同時接続型ロールプレイングゲーム）が登場します。そして、SFの世界でしか使われていなかった"メタバース"という言葉を社会実装しようとしたサービスが「セカンドライフ」です。他にも日本では「アメーバピグ」等、インターネット上の空間でコミュニケーションをとることのできるメタバース的なサービスが一世を風靡しました。セカンドライフは、PCの要求スペックが高いなどのハードルがあり、一般普及には至りませんでした。

2012年に米国の若者パルマー・ラッキーが発明したVRHMDのプロトタイプにより、現在に続くVRの"民主化"がスタートします。高価にもかかわらず性能の足りなかったかつてのVRとは異なり、「安価で手軽に誰でもVRを体験できる」時代の到来が予見されるようになったのです。パルマー・ラッキーが創業したOculusは2014年にFacebook（現Meta）に20億ドルで買収されました。2016年には、Facebookだけでなく、SonyやHTCからもVRヘッドセットが一般発売され、その後数々のモデルがさまざまなメーカーから登場しています。

ARもこれまでスマートフォンアプリや眼鏡型デバイス等のアプ

ローチが試みられてきましたが、広く普及したものはありませんでした。現実に違和感なく“なじむ”ARが簡単に実現できるようになったのは、2017年にAppleがiOSにARの機能ARKitを搭載したことに端を発します。同時期にGoogleがAndroidにARの機能ARCoreを搭載したことで、スマートフォンで誰でも簡単にARを体験できるようになりました。ARを体験するARHMDも高価なものの、複数のモデルが登場しています。

そして人類がコロナ禍を経験した2021年、メタバースがビジネスのキーワードとして突如注目を集めることとなり、現在に至ります。

こうしたXR・メタバースの歴史をあえて同時に振り返ると、人類がデジタル環境への没入に向けた挑戦を続けてきたこと、そしてコンピュータの性能が向上し、インターネットが発展するにつれてデジタル環境に空間とコミュニケーションの要素が加わってきたことがわかります。Facebook（現Meta）CEOのマーク・ザッカーバーグは、Oculusを買収した2014年当時から「VRHMDを介したコミュニケーションに心を打たれた」とされており、VRによるメタバースへの道が当時から繋がっていたことを示唆しています。

3. 業界構造とプレイヤー

XRの業界構造は、①ハードウェア、②ミドルウェア、③ソフトウェアの３種類に大別することができます。①はウェアラブルデバイスの開発やそれらを支えるディスプレイ等の要素技術を開発している企業群、②は３D制作ソフトやゲームエンジン等のハードウェアに向けてコンテンツを作るためのツールやサービス、コンテンツを配信するためのプラットフォームを提供している企業群、③はゲームやエンタメ等のコンテンツ、産業向けのトレーニングやシミュレーションのためのアプリケーション等を開発している企業群です。

現在は、VRの業界はMetaやSony等のハードウェア企業やプラットフォーマーが出揃い、UnityやUnreal Engineといったツールも登場しているため、①と②が固まってきて、③に企業が集中しています。ARは、まだハードウェアも開発中、ソフトウェアを作るためのSDKやAPIもまだデファクトがないという状況で①や②がまだ決まっていません。VRとARでも大きく差があります。

また、メタバースは、アメリカのジョン・ラドフが提唱した７つのレイヤー（①半導体や通信技術等のインフラ、②VRヘッドセットやコントローラー等のハードウェア、③ブロックチェーン等の分散システム、④ゲームエンジン等の空間コンピューティング、⑤3D制作ソフト等のクリエイターエコノミー、⑥プラットフォームや広告が属するディスカバリー、⑦ワールドやアバター等のコンテンツを作るエクスペリエンス）を参考に業界構造を見ることができます。

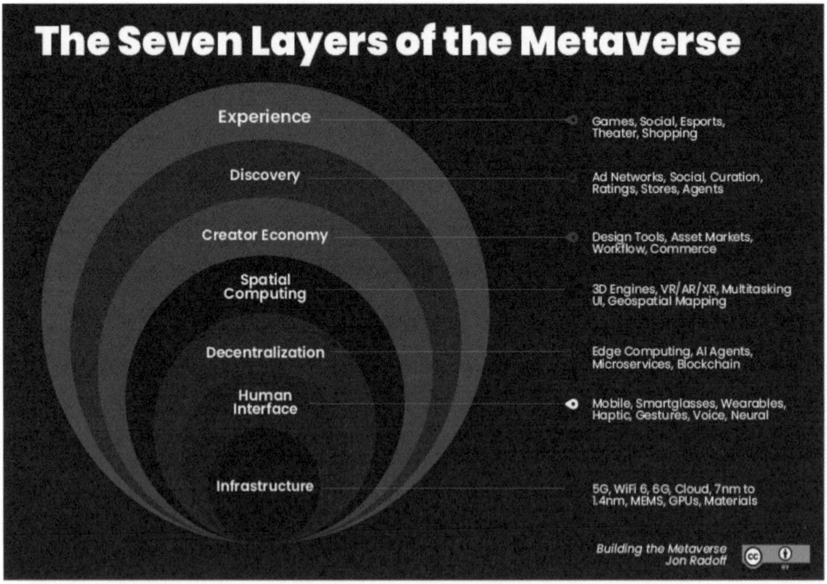

図表1-1-2：ジョン・ラドフが提唱した７つのレイヤー【3】

【3】 Jon Radoff, The Metaverse Value-Chain（https://medium.com/building-the-metaverse/the-metaverse-value-chain-afcf9e09e3a7）.

こうした業界構造からまず読み取れるのは、「コンテンツ制作（⑦）はメタバースに関わるビジネスの氷山の一角である」ということです。メタバースを成立させるには、①～⑥が整うことが重要となります。2021年のメタバースブーム以降、世界中でスタートアップが増加し、投資額が増加しました。メタバースの事例としては、もちろんメタバースでのイベント等そのコンテンツが話題となりますが、実際にビジネスとして注目されていたのは、①～⑥の「メタバースの基盤やクリエイター向けのツールを提供できるか」です。

Ⅲ．XR・メタバースの世界的な動向

1．VRの世界的な動向

VRは、2016年にVRHMDが一斉発売されて以降、PCメーカー各社をはじめとするさまざまなメーカーから機種が登場しました。当初はPCに有線接続するタイプが主流でしたが、徐々に手軽に高品質なVRが体験できる“一体型”のVRヘッドセットが主流となっています。

2020年に発売されたMetaの「Meta Quest 2」は、発売時点では日本円にして３万円台で購入できる一体型VRヘッドセットとして登場、市場を席巻、2023年時点では全世界で2,000万台以上が出荷されたと推測されています。スマートフォンには及ばないものの、次世代ゲーム機とは同程度の出荷台数となっており、2016年に市場が全くなかったところから、徐々に市場を拡大しています。

デバイスの市場が生まれたことで、そのデバイスで体験するコンテンツの市場も拡大。ゲームやフィットネス等のアプリが人気です。また、2018年頃からコンシューマーだけでなく、産業向けの利用が注目を集め、トレーニングやデザイン検証、シミュレーション等の用途で使われ始めています。産業向けに超高性能等を謳うVRHMDもVarjo

やHP等から登場しており、産業向けVRの需要の高さを物語っています。

現状、Meta一強のVRHMD市場ですが、世界的なSNS「TikTok」を擁するByteDanceが中国のVRHMDメーカーPicoを買収し小型軽量の「Pico 4」を2022年に発売したり、Sonyが次世代のVRHMD「PlayStation VR2」を2023年に発売したりするなど、再び活性化する兆しがあります。並行して、コンシューマー向けのコンテンツ市場も活性化するため、今後も成長が続いていくと考えられます。

2．ARの世界的な動向

ARの分野では、スマートフォンで体験できるコンテンツの展開が盛んです。先述のポケモンGO（Niantic）はARを活用した世界的なコンテンツですが、MetaのInstagramやSnapのSnapchat等、SNSアプリでも撮影をするときにARを活用することができます。また、Googleマップでは ARでルートを表示する「ライブビュー」機能が標準搭載されています。

iPhoneへのLiDARセンサーの搭載等、スマートフォンで体験できるARの品質は年々向上。2022年には、自身の向いている方向等を特定して、場所に応じたARを表現するためのVPS（Visual Positioning System）がGoogle、Snap、Niantic等各社からリリースされました。MetaもVPSの研究開発を進めていることが明らかになっています。

一方の、ARデバイスは普及する前段階です。現実空間をスキャンして3次元構造を把握して違和感のないARを実現できるデバイスはMicrosoftのHoloLens 2、Magic LeapのMagic Leap 2等が登場していますが、いずれも数十万円ととても一般的な価格ではなく、性能も発展途上かつデバイスも大型です。主として産業向けに使われ、建設現場でのイメージ確認や現場作業の際の手順表示等さまざまなユースケースで実証実験等が多く行われています。眼鏡型のARデバイスとして、「スマートグラス」と呼ばれるジャンルのデバイスが数社から展開していますが、現実空間を認識したARではなく、目の前に大画面を出して映画等を楽しめたり、視界に通知等の情報を出したりと限定的な機能のデバイスです。夢のARグラス開発に向けては、Meta、Apple、Google等が研究開発を行っていることは伺い知れますが、さまざまな技術課題が残っているため、まだ市場投入には時間がかかりそうです。一方で、VRヘッドセットの前面にカメラを搭載し、カメラ越しに周囲を見ることのできる「ビデオパススルー」のVRHMDが2022年を境に増え始めました。Metaは2023年に「Meta Quest 3」を発売。Appleも2024年には「Vision Pro」を市場投入しました。Appleの参入には期待が高まります。初期段階ではかなり高額なデバイスなので発売直後から一気に普及するとは考えられませんが、普及を促進する存在となることは間違いないでしょう。今後はVRHMDでAR的な表現も可能になります。

3．メタバースの世界的な動向

メタバースは、2000年代のセカンドライフの後に一旦注目が薄れました。モバイルの普及とSNSやメッセージアプリの登場により、インターネットにおけるコミュニケーションの主流は“空間”ではなくなりました。

一方、2010年代後半から「メタバース」をキーワードにするテック企業が現れ始めます。その背景としては、ネットワークを介した空間で大人数が同時に接続することが当たり前になった市場があります。ゲームの世界では、2010年代後半にオンラインで対戦や協力プレイをして遊ぶことが一気に当たり前になりました。かつてはMMORPG等限られたユーザーが遊んでいたオンラインゲームが、1億人以上が遊ぶような作品が登場するほどに活況となります。これは、リアルタイム3DCG、オンラインコミュニケーションといった、メタバースの素地となる技術が急速に発展し、さらに若年層を中心とするユーザーにとってメタバース的な世界観が受け入れられやすくなったことによります。実際に、１億人以上のユーザーを抱える「Fortnite」は、ゲームだけでなくアーティストのバーチャルライブを行ったり、映画やスポーツとコラボすることでさまざまな世界観を遊べたり、ユーザーがゲームステージとなる世界を作ったりすることができるクリエイティブ機能を備えたメタバースへと変化しつつあります。

VRHMDの登場やWeb３のトレンドに加え、2020年初めからのCOVID-19によりインターネットにおける可処分時間が大幅に増えたこと等もあり、新たな没入できるインターネットとしてメタバースへ注目が集まるようになりました。

2021年にその注目を一気に爆発させたのがMetaのピボットです。Facebookという世界最大手のテック企業が、社名変更をして自社のミッションを「メタバース構築」と宣言したのが2021年10月のことでした。年間約１兆円の投資を行うことも発表しており、その後、ビジネスサイドで一気にメタバースへの関心が高まりました。特に、NFTやWeb3の流れ等と合わせて語られたことで、暗号資産に向いていた投機資金も流れ込むこととなりました。

あらゆる業界がメタバースを掲げました。展示会やライブ、バーチャル店舗等メタバースを活用した事例も多く創出されています。世界的なイベントである東京ゲームショウやSXSWはメタバース会場が設けられ、ナイキやアディダスはメタバースのワールドを展開し、ザ・ウィークエンドはアバターの姿でメタバースでのバーチャルライブをTikTokに配信しました。渋谷の街はスクランブル交差点を中心に「バーチャル渋谷」となり、焼け落ちた沖縄の世界遺産「首里城」は「バーチャル首里城」として世界中の誰もがアクセスできる場所として復元しました。

現時点では、メタバースは黎明期であり、その活用方法は未知数です。事例としては、トライアンドエラーで、いかに早くメタバースにおけるビジネスモデルを見出すかが重要です。Metaは社名変更時にメタバース構築にかかる期間を「5～10年」といっています。メタバースは中長期的な投資領域であり、短絡的なマネタイズへの期待は誤りです。今後数年かけてじわじわと浸透していく領域になるでしょう。

実際には、ゲーム等の一部サービス以外ではユーザーをゼロから獲得していく状況で、爆発的にメタバースが普及するわけでもなく、旗振り役だったMetaのメタバースプラットフォームに批判が集まるなど、2023年度時点では関心は一段落しつつあります。

一方、「Fortnite」「Roblox」「ZEPETO」等のユーザー数が数千万人から数億人のプラットフォームでは、Z世代に向けたマーケティングとしてメタバースが使われています。

2022年に過剰に上がってしまった期待値は2023年に落ち着いていきますが、「3次元のインターネット」をどのように社会実装するのか、ブームに流されなかった企業によるトライアンドエラーと着実な取組みが進むことになります。

Ⅳ．技術規格・人材等における課題

突如として盛り上がりを見せたメタバースは黎明期のテックゆえの課題が多くあります。たとえば、現時点ではスマートフォン中心で、没入感が乏しいこと。一方、VRデバイスは広がり始めたばかりで、ARグラスはまだ普及に繋がるデバイスの姿が見えません。ゲームやSNSの延長としてのメタバースは、すでに集めた数千万～数億人というユーザーへのアプローチを進めていますが、他の新たなメタバースはユーザーの開拓を着実に進めているところで、広がるにはまだまだ時間がかかりそうです。

社会的課題として懸念されるのは世代間格差です。3DCGのゲームに慣れ親しんだZ世代以降の世代にとってメタバースは非常に受け入れやすいものですが、そうではない世代にとってはそれこそ全く新しいインターフェースです。メタバースがコミュニケーションの基盤になる場合、「ついていけない」層にどのようにアプローチするのか、考えなければなりません。

メタバースにさまざまなユーザーがアクセスすることで、メタバースにはある種の社会が形成されます。いやがらせをはじめとする個人間のトラブルやメタバースにおける個人のアイデンティティの所在についても整理が必要になるでしょう。

また、現実と連動したり、現実をベースにしたりするメタバースでは著作権等の権利関係が議論となります。メタバースでのコンテンツはユーザー自身がクリエイターとなって制作することも多く、いわゆるUGCが中心です。コンテンツ制作には一定のルールが求められます。

メタバースが普及した世界とはどのようなものでしょうか。３次元のインターネットだと考えると、現在のインターネットに関わる仕事をしている人たちと同じくらいメタバースに関連する仕事に従事している人たちが登場しているかもしれません。今でこそ、メタバースに関わる仕事は、エンジニアやクリエイターが多くを占めますが、将来的には氷山の一角になっていると考えられます。メタバースの世界で、アバターの姿で接客等を行う「アバターワーク」といった新しい働き方も現れています。

V．おわりに

本節では、XR・メタバースについて基礎知識や動向を紹介してきました。この後の各節では、XR・メタバースの注目分野についてより具体的な議論が展開されます。

技術を駆使して世に新しい価値を生み出そうとしているXR・メタバース領域。この領域について少しでも等身大のイメージが伝われば幸いです。

（原稿受領日：2023年12月31日）

【第２節】

「オープンメタバース」
～Web３とメタバースが繋がったときに何が起こるのか～

株式会社BeyondConcept　代表取締役　福永　尚爾

Ⅰ．はじめに

Web３と呼ばれるワードが台頭してきた2023年、同時期にオープンメタバースというワードも聞くようになりました。本節ではオープンメタバースの中でもWeb３型オープンメタバースが既存のメタバースといかに異なるのか、そして今後のメタバース観にどのような影響を及ぼすのかを提示していきます。本節で説明するオープンメタバースにはWeb３型という前提がつきますのでご注意ください。

Ⅱ．オープンメタバースで開かれる新たなメタバース観

1．オープンメタバースとクローズドメタバースの概要

オープンメタバースの対概念としてクローズドメタバースがあります。まずはその説明から始めていきましょう。

クローズドメタバースとは、プラットフォームが運営している独立したメタバースであり、他のメタバースとの相互接続が限定的で経済圏がその中で閉じていることが特徴です。現在一般的に運用されるメタバースサービスがクローズドメタバースといえるでしょう。一方でオープンメタバースは、インターネット上のさまざまなサービスやメ

タバースが相互接続され、ユーザーやサービス、デジタルデータを自由に行き来させることができる世界観です。また、企業が独占、独立的に作り上げてきたサービスと異なり、経済圏を皆で共創していくというのも特徴的です。

本節では、これらのメタバースについて、オープンメタバースとも関連するとされるNFTやWeb3の文脈を踏まえて解説します。

２．NFTとWeb3の関連性

NFT（ノン・ファンジブル・トークン）は、デジタルアートやゲームアイテム等の独自性を、ブロックチェーンを用いて保証する技術です。Web 3は、分散型のインターネット技術で、スマートコントラクトや分散型アプリケーションが可能になります。NFTとWeb3を活用したオープンメタバースは、デジタル資産の所有権や取引の透明性を確保することが期待されます。

なお、本節にいう「所有」あるいは「所有権」とは、ブロックチェーン上で電磁的に記録されたデータを、その保有者の意思によって自由に操作できる状態という意味で使用しています。これらの法的な意味合いについては、本書第３章第２節（角本和理）をご参照ください。

具体的な構築例として、ブロックチェーン・NFTを用いたオープンメタバースでは、以下のような特徴が考えられます。

- **デジタルアセットの独立性と相互運用性**：ユーザーはデジタルアセット（アバター、アイテム等）を異なるメタバース間で持ち込み、取引できるようになります。
- **データの透明性と信頼性**：ブロックチェーン技術により、メタバース内の取引やアイテムの権利関係が公開され、改ざんが困難になります。
- **クリエイターやユーザー主導の経済活動**：オープンメタバースで

は、クリエイターやユーザーが新しい価値を創造し、それを自由に取引できる環境が整います。
- **分散型ガバナンス**：オープンメタバースでは、中央集権的な組織ではなく、ユーザーや開発者が参加する分散型のガバナンスが構築されることが期待されます。

これらの特徴は、現実世界での自由な活動や交流をデジタル空間でも実現することを意味しており、ブロックチェーン・NFTを用いたオープンメタバースを構築しようとするプレイヤーは、その実現を目指しています。

Ⅲ. オープンメタバースとクローズドメタバースの比較

1. 相互接続性

オープンメタバースでは、デジタルデータを利用する権利が異なるメタバースプラットフォーム間を自由に行き来できます。たとえば、デジタルアートをNFTとして保有している場合、それを異なるメタバースで展示・売買することができます。また、アイテムを他のメタバースに持ち込んで利用するだけでなく、現実世界の活動で得た学歴や資格等をメタバース内で証明するためにNFTを用いることも可能になります。逆もしかりで、メタバースでの活動実績を現実世界で証明することもできます。これらの資格証明や権利移転の実績等の記録を第三者が不当に改ざんしていないことを保証したり、透明性の高さを裏打ちしたりしているのが、イーサリアム等の分散性の高いブロックチェーンです。

一方、クローズドメタバースでは、そのような相互接続性や透明性が制限されており、ユーザーは特定のプラットフォーム内でのみ活動することになります。

2．独自性とプラットフォームの利益

クローズドメタバースの主な利点は、プラットフォームが独自のコンテンツやサービスを提供しやすいこと、メタバース内の社会性や経済性を設計しやすいことにあります。しかし、デジタルアイテムの他のメタバースからの持込みや取引の透明性、改ざん耐久性がプラットフォーム運営者に依存するためブラックボックスになっており、総じてオープンメタバースと比べて制限されます。

3．ユーザーエクスペリエンスの違い

オープンメタバースは、インターネットのような自由な環境を提供し、ユーザーがさまざまなメタバースを自由に行き来できることを目指しています。オープンメタバースにより、ユーザーは自分の好みに合ったメタバースを自由に選択したり、現実の資格や経験を持ち込んだりと相互接続的な体験が可能になります。また、企業が独占的に支配しづらいこともあり、一個人のユーザー体験や権利の自由度が高い傾向にあります。一方、クローズドメタバースは、プラットフォームが提供する体験に制限されるため、独自性は高まりますが、他のメタバースとの相互作用が限定的です。しかし、企業が独自にため込んだデータを活かした体験の提供は一気通貫性が高いためユーザーの満足度を上げやすいといえます。

4．開発者の立場

オープンメタバースでは、開発者が異なるプラットフォームで自分の作品やアプリケーションを展開することもできます。しかし、異な

るメタバース間での知財保護や法的課題への対応が必要になります。一方、クローズドメタバースでは、開発者は特定のプラットフォームに依存することになりますが、プラットフォームが提供するツールやリソースを利用して、独自の作品を作成することができます。

5．なぜオープンメタバースが求められているのか

これまでに登場したメタバースと呼ばれるサービスは、企業が独占的に提供するアプリケーションの１つでしかないクローズドな存在でした。それでも、サービスとしては成り立っていたといえます。それなのになぜ、オープンメタバースを求める議論が出てくるのでしょうか。それは、人類がリアル・デジタルを問わず活動している今現在、リアル・デジタルでの活動履歴をさまざまな場所で発揮できるようになり、メタバースが現実世界と同様に扱われるようになってきているからです。そのためオープンメタバースの特徴でもある相互接続性が求められるようになりました。

ここまで見てきたように、オープンメタバースとクローズドメタバースはどちらが良い悪いというものではありません。一長一短であり、さらに今後のメタバースのあり方としてはオープンメタバースをより多くのプラットフォームやユーザーが求める流れが自然にやってくるのではないか、という観点から話をしてきました。クローズドメタバースについては、クローズドな環境が悪いというよりも、オープンな環境が求められた際にスムーズに環境移転や証明ができるようになることが期待されています。その際に、ブロックチェーン技術やNFTが活用されると考えられています。

Ⅳ．NFTと知的財産

1．NFTと知財の関連性

NFTはデジタル資産の取引履歴を保証する技術であり、システム等の設計によるところはありますが、知的財産権の管理や譲渡に役立つポテンシャルを持っています。アーティストやクリエイターは、NFTを使用してデジタルアートや音楽、ゲームアイテム等の著作物を販売できます。これにより、著作権者は収益性を向上させると同時に、正当な保有者を区別しやすいため権利の所在管理がしやすくなります。

2．具体例：ビープルのデジタルアート

2021年に、デジタルアーティストのビープル（Beeple）が作成したデジタルアート「Everydays: The First 5000 Days」が、NFTとしてクリスティーズオークションで6,900万ドル（約75億円）で落札されました。これは、NFTがデジタルアートの価値を高め、アーティストに対する報酬を確保する手段として機能していることを示しています。

3．具体例：NBAトップショット

「NBAトップショット」は、バスケットボールの試合のハイライトシーンをNFTとして販売するプラットフォームです。ファンは、お気に入りの選手やプレイのNFTを購入・収集し、他のユーザーと交換できます。これにより、知的財産権を持つNBAが新たな収益源を確保できると同時に、ファンは独自のコレクションを持つことができます。

4．勘違いされがちなこと：NFT

NFTを購入することで、デジタル資産を所有することができますが、それは必ずしも著作権を取得できることを意味しません。著作権は、引き続きアーティストやクリエイターが保持することが一般的です。したがって、NFTの所有者は、購入したデジタルアートやコンテンツを自由に利用・再販売する権利を持っていない場合があります。NFTの保有者は、そのデジタルアート等の著作権を持つ者（典型的にはNFTの発行者やアーティスト）が許諾した場合にのみ、その許諾の範囲内で、そのデジタルアート等を利用することができます。したがって、NFTの取引やデジタルアート等の利用にあたっては、どの範囲でそれを利用できるのかを確認することが重要です。

5．勘違いされがちなこと：NFTと海賊版の関係

NFTはデジタル資産の取引履歴を保証する技術ですが、それ自体は海賊版コンテンツの問題を解決するものではありません。NFTを不正に作成し、著作権を侵害するデジタルアートやコンテンツを販売する事例が存在します。そのため、NFTの購入者は、信頼できるプラットフォームや発行者から購入することが重要です。また、アーティストやクリエイターは、自身の知的財産が適切に保護されていることを確認する必要があります。

6．NFTの知財管理における課題

NFTの普及により、知財管理に新たな課題が生じています。NFTの発行や取引が国境を越えて行われるため、国際的な知財保護のルールや法規制が求められます。また、オープンメタバース内でのNFTの利用や取引において、複雑な知的財産権の管理が必要となる場合が

あります。

7. NFTと法務の課題

NFTの取引には、スマートコントラクトや分散型アプリケーションを利用した契約や金融取引が関与します。これにより、法的な紛争が生じた場合、準拠法や管轄に関する課題が発生する可能性があります。また、NFTの取引に伴う会計税務や消費者保護の法規制も、今後の課題として検討されるべきです。

V. NFTが果たす役割

1. NFTがもたらすオープンメタバース

メタバースにおいてNFTやブロックチェーンといった技術は必須要件ではありません。しかし、Web3型オープンメタバースを構築する際には「流通規格」の観点で低コストに導入できるという利点があります。

NFTの特徴は前述しましたが、それ以外にNFTがメタバースにもたらすのは共通の流通データ規格です。NFTの登場によって複製可能なデジタルデータも唯一無二のものとして判別可能となりました。

NFTはどの企業のプラットフォームにも属さないイーサリアムその他のブロックチェーンに保有データが属することが多く、アプリケーションやプラットフォームをまたいだ利用が可能です。

これは、現実世界で例えるならば、アパレルショップで服を買ったら全世界どこにその服をまとっていってもいいように、デジタルアイテムもその世界に閉じず、どの世界にも自分が購入したデータを持っていけるようなものです。

このような意味でデジタルアイテムを自分自身で「所有」するとい

う概念は、過去に出てきた今までのメタバースとは異なります。企業に依存したクローズドメタバースではその世界で購入したものはその世界でしか利用することができませんでしたが、NFTの登場によりあるメタバースで購入したアバターやアイテムを別のメタバースで利用することも可能となります。こうしたデジタルアイテムが企業だけに属さず、権利を相互利用できるオープンメタバースな状態を作ることが、NFTという規格を用いることによって容易となります。

２．NFTやトークンが果たす役割の詳細と事例

NFTという言葉は現在広く知られており、画像や動画等のアート作品で利用されることが多くなっています。しかし、NFTの活用はそれだけにとどまりません。

例として以下のようなものがあります。

・アバター
・デジタルアイテム
・学歴やe-Sportsのトロフィー等の証明書や実績
・コミュニティ参加証
・不動産証券

これらのデジタルアイテムは、NFTを介して取引や流通が行われることが期待されています。デジタルアイテム以外にも、NFTには、鍵としてのトークンやデータ規格としても重要な役割を期待されています。

たとえば、メタバース上での３Dモデルデータ規格として、GLTFが注目されています。これは、JPGのような一般的な画像データに相当するもので、メタバースにおいて３Dモデルを表示するための標準フォーマットとなります。NFTは、デジタルデータの流通を担っており、JPGやGLTFが「コンテンツデータ」であるのに対し、NFTはそれらをラップする「ハコ」のようなデータ規格です。

３．NFTの拡張性

オープンメタバースは、さまざまなプラットフォーム間でデジタル資産やアバターを自由に取引・移動させることができる環境を目指しています。NFTは、その中で重要な役割を果たしており、デジタル資産の権利や証明をブロックチェーン上で管理することができます。

一般にNFTに使用されるEthereumの標準としてERC721があります。この標準に従って作成されたNFTには、メタデータがJSON形式で格納されます。以下に、アバターのメタデータ例を示します。

```
{
  "name": "NFTの名前",
  "image": "NFTに紐づく画像URLやIPFS",
  "animation_url": "NFTに紐づく動画やマルチメディアURLやIPFS",
  "description": "NFTの説明文章",
  "external_url": "https://conata.world/metaani",
  "attributes": [
  {
    "trait_type": "Artist",
    "value": "Shoji Fukunaga"
  }],
  "avatar_url": "NFTに紐づくアバターファイルURLやIPFS"
}
```

図表1-2-1：NFTに紐づくアバターのメタデータ例

このJSONメタデータ例では、NFTの基本情報（name、description、image）が定義されています。さらに、attributes配列でアバターの特徴を定義しています。そして、avatar_urlが追加されており、これによってアバターの３Ｄモデルデータが格納されているURLが指定されています。この例では、GLB形式の３Ｄモデルが使用されていますが、他の３Ｄファイル形式も使用可能です。

４．Metadataを用いたオープンメタバース性

このようなJSONメタデータを使用することで、オープンメタバースに対応している異なるプラットフォームがアバターのデータを簡単に取得し、表示や利用ができるようになります。なお、異なるプラットフォーム間で３Ｄモデルやアニメーションの互換性を確保するためには、適切な標準化やデータ変換が必要な点には注意が必要です。

ERC721というNFTの規格はまさにその点にもフォーカスしています。規格の恩恵により画像や動画がOpenseaやその他Web3アプリで表示することができます。

筆者が製作しているNFTに関しては、それに加えてavatar_urlというメタデータを付与しています。avatar_urlにはVRMというGLTFをラップしたアバター規格を指定しており、こうすることで外部サービスからアバターデータを使いやすくするねらいがあります。

VRMフォーマットはオープンメタバースでのアバター利用において、非常に期待されるファイルフォーマットです。VRMは人型キャラクターやアバターに特化した３Ｄモデルデータのフォーマットで、プラットフォーム間の互換性を重視して開発されています。これにより、オープンメタバース内の異なるプラットフォームでアバターを簡単に移動・表示・利用できるようになります。

異なるメタバースプラットフォームがVRMフォーマットを採用することで、ユーザーは自分のアバターを容易に複数のプラットフォームで使用できるようになります。

メタバース開発者からすると、NFTに記載してある「avatar_url」を参照するだけでサービスの中にアバターのデータを組み込むこともできます。

図表1-2-2：仮想商店街Conataで表示された「ラビュリントスアバター」

図表1-2-3：異なるメタバースでNFTに紐づくアバターファイルを読み込んでいる様子

図表1-2-4：Metaani DNA Project

5．分散データベースによるオープンメタバースの拡大

NFTに加えて、分散データベース（DB）といったシステムもオープンメタバースに有益です。分散DBは、独占的な企業が存在せず、分散運用されるDBシステムのことを指します。分散DBで構築されたメタバース空間が存在すれば、企業が運営していたメタバースが終了しても、その空間やデータはインターネット上に残り続けます。現実と同様に、100年後に誰かがその空間を引き継ぎ保守できる可能性もあります。

筆者が開発中の「Metaani DNA」というNFTプロジェクトでは、分散DBの1つ「WeaveDB」を採用しています。WeaveDBは、arweaveと呼ばれる分散ストレージ上でスマートコントラクトとして動作するNoSQLデータベースソリューションで、Firestoreとの互換性やクロスチェーンでの認証機構を備えています。Metaani DNAは、「メタバース空間NFT」であるエリアと「NFTアイテム」で構成され、

「Metaani DNA NFT」の保有者は空間内にNFTアイテムをレイアウトし、自分の空間を分散DBを用いて彩る（カスタマイズする）ことができます。

分散DBを活用するとできることは、どのようなことなのでしょうか。その例をいくつか紹介します。

- **NFTの保有者であれば、レイアウト情報の書込みが可能：**メタバース上で権利保有が明確化された状態で、自由移転可能な権利であるNFTを保有したユーザーは共同編集が可能になります。応用すると、同じNFTコレクションの保有者同士で共同編集が可能になります。
- **レイアウトされたデータ自体が他のメタバースで参照可能：**オープンなデータ規格であるNFTやGLBと、オープンなデータベースが組み合わさることで、第三者がそのデータや機能を参照して独自のサービスを開発することが可能になります。メタバースを１つの企業が独占的に作成するアプローチではなく、現実世界と同様に、皆が資源を持ち寄って構築することが、オープンメタバースの世界観といえるでしょう。

図表1-2-5：Metaani DNAのメタバース空間を異なるメタバース「Webaverse」が読み込んでいる様子

Ⅵ. オープンメタバースの展望と課題

これまでオープンメタバースの現状と将来の展望について説明してきました。オープンメタバースには相互接続性や透明性といった今までのメタバースと比べた際の利点があります。

一方で、まだまだ発展途上な状態であるがゆえに、さまざまな課題も残ります。

1．技術規格の統一

オープンメタバースでは、異なるプラットフォームやアプリケーションが共存し、相互運用性を実現するためには技術規格の統一が求められます。これには、３Ｄモデリング、アニメーション、レンダリング、通信プロトコル等、さまざまな技術領域が関与します。

先に挙げたように、デジタルデータの流通規格にNFTが利用される可能性もあるでしょう。また、企業の動きとしては、GLTF等Dデータフォーマットの開発グループKhronos GroupによりMetaverse Standard Forumという団体が設立されており、Metaや他の企業も参加しています(2023年１月現在)。この団体はメタバース上でのデータ規格や技術基準の議論を進めるための場とされています。

２．権利処理等の法務課題

特に顕著な課題は権利処理の統一化です。たとえば、現状、プラットフォームやプラットフォームを運営する母体の所属国により、利用規約等の契約に同意する方式に差があります。さらに、NFTの購入時に何らかの権利が購入者に付与されるのか、そのNFTが二次販売された場合にその権利はどうなるのか等の問題は、NFTごとに異なります。メタバースだけに限らない問題ですが、根本的な規約の問題となるため、早晩問題になる可能性が高いと考えられます。

Ⅶ. おわりに（Web３型オープンメタバースの未来）

本節では、近時におけるオープンメタバースの概況を説明してきました。

Web３型のオープンメタバースでは、デジタルとリアルがブロックチェーンやNFTを通じてスムーズに接続され、新しい時代が創り出されています。クローズドな環境とオープンな環境を適切に使い分け、デジタルとリアルがブロックチェーン、NFTによってなめらかに接続され、新しい時代が創られていくことを願っています。

（原稿受領日：2024年１月８日）

【第3節】
世界を包み込む「ARクラウド」そのポテンシャルと課題

プレティア・テクノロジーズ株式会社　代表取締役　牛尾　湧

Ⅰ．ARクラウドとは何か

ARクラウドとは、次世代のAR体験を支える基盤技術です。具体的には、建築物の外装や室内空間に対する３Ｄデータの重畳表示を可能にし、都市空間におけるインフラを担うことで、製造・建設・広告・エンタテインメント等の各種産業を支えていくことになる技術です。

1．ARクラウドの核

ARクラウドの核となるのは、簡単にいうと「３Ｄデータを空間に埋め込むための技術」です。住所に対して紐づけられたデータを引き出すという意味では、Web技術とも似ているといってよいでしょう。私たちはあるIPアドレス（多くはドメイン名と紐づけられます）に設置された情報（Webページ）を、ドメイン名をブラウザに入力することでいつでも閲覧することができますが、それと同じように、ある空間に設置された情報を、コンピュータのカメラ（やその他のセンサー）を向けることによっていつでも引き出し、視覚的に表示することができるようにするのが、ARクラウドです。

その空間に埋め込まれたデータをコンピュータが引き出すためには、そもそもまずはコンピュータ（と、それを持つユーザー）自身が、ある空間において自分自身がどこにいるか、という位置を推定しなければなりません。それが完了して初めて、自分の位置から3Dデータがどのように見えるべきかを計算することができるため、ARによってコンテンツが空間に没入感高く表示することができる、という順序をたどります。

この自己位置推定（位置合わせや、単純化して空間認識とも呼ばれます）と呼ばれる処理には、コンピュータに接続されたさまざまなセンサーから取得されるデータを用います。たとえばスマートフォンを用いた位置推定には、典型的にはVisual SLAMやSfMといった内蔵カメラから得られる映像情報を利用した技術を用います。さらに一部機種に搭載されているLiDAR（ライダー）等の深度センサーから得られる、奥行きや空間の形状情報を利用する技術構成もあります。自己位置推定に用いるアルゴリズムによっては、GPSから得られる経度緯度情報や、IMU（慣性計測装置）から得られる傾きや移動差分情報も活用します。こうしたデータを組み合わせて自己位置推定アルゴリズムに処理させることで、スマートフォンの現在位置をあらわす座標数値と、姿勢をあらわす回転情報を返すことができるのです。

２．点群とは何か

多くの技術構成においては、センサーから得られる情報の時系列における差分から、点群（point cloud）と呼ばれる３次元特徴点データを出力します。まずはあらかじめ対象空間において撮影(センシング)を通して点群を取得し、デバイス上やサーバーへ保存しておきます。次に自己位置推定を試みる際に同様に点群を出力し、あらかじめ取得されていた点群とマッチするものを検索します。このマッチングが成功すれば、自分は今この点群の中のこの位置・向きにいることがわかる＝自分の現実空間における位置・向きがわかる、ということになります。

ちなみに点群には目的に応じて大きく２種類あり、⑴外観自体に意味がある点群、(2)自己位置推定に用いる点群、というように分類されます。(1)については、建設業や製造業を念頭に空間や物体の現在の状態を記録しておくことや、生成した3Dモデルそのものをゲームやメタバース系アプリケーションに用いるような用途があります。(1)はなるべく現実の見た目に近い「密」なものであり、(2)は次の図表1-3-1のように空間を抽象化した「疎」なものとなっています。ARクラウドにおいて焦点になるのは主に(2)です。

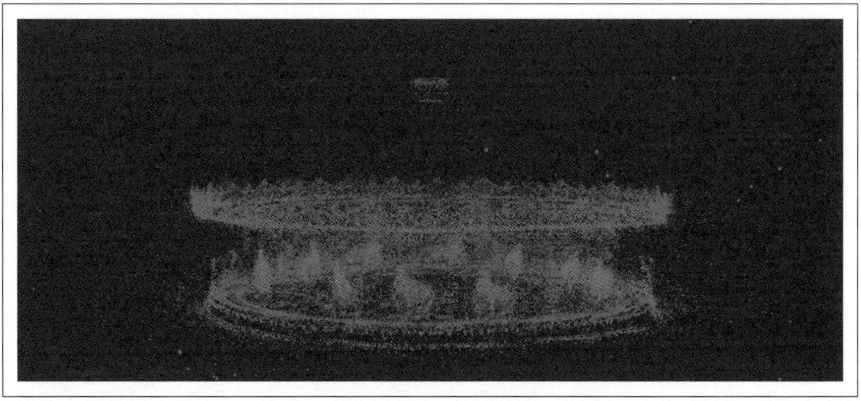

図表1-3-1：「疎」な点群のイメージ

3．ARクラウドの定義

前述**1**では、自己位置推定機能をARクラウドの「核」と表現しました。実は、ARクラウドの定義にどこまでの要素を含めるかについては、明確な合意は存在しません。含まれることの多い要素は4種類あり、①前述の自己位置推定機能、②同じ空間に存在するユーザーやデバイスから同時に同じ体験を共有できる機能（マルチプレイヤー機能）、③空間にARコンテンツを埋め込むためのサポート機能（オーサリング機能等）、④3Dデータが周辺環境と物理的にインタラクションする機能（深度推定機能等）、となっています。

プレティア・テクノロジーズが運営する「Pretia（プレティア）」は、このうち①から③までを提供するARコンテンツの開発プラットフォームです。

4．ARクラウドとしてのPretia

図表1-3-2：Pretiaを活用したARサービスのイメージ

Pretiaは、3D開発エンジン「Unity」を利用する開発者を対象とし、空間に埋め込むARコンテンツを簡単に開発することができるプラットフォームです。専用アプリ「3Dスキャナ」を活用した簡単かつ高精度な点群を生成し、自分のアカウントに紐づけられたクラウドにアップロードすることで、いつでも誰でもどこからでも設定を行うことができます。そして「開発者コンソール」からアプリの作成と設定を行い、「SDK（開発キット）」を介してUnity上に点群を取り込めば、コンテンツ開発ができるようになります。簡単なアプリの雛形として使える「サンプルプロジェクト」も充実していますので、まさに開発者は簡単に空間に埋め込まれたAR体験を制作できるプラットフォームです。後ほどご紹介するその他のARクラウド系サービスと比較すると、開発者の皆様からは「点群の処理が速いこと」「比較的暗所に強いこと」「開発が手軽なこと」等の評価をいただいています。

5. 世界のARクラウドサービス

その他、国内外のARプロジェクトでよく利用されるARクラウドを取り上げます。(1)大手テック系、(2)スタートアップ系、に大別しつつ、取り上げる基準としては、①平均的な開発者であれば利用できる程度に整備されていること、②スマートフォンの普及機の大部分で動作すること、③国内のプロジェクトにおいて利用実績があること、としています。

まずは(1)大手テック系ですが、GoogleのAR開発エンジンARCoreの一機能であるGeospatial API（ジオスペイシャル・エーピーアイ）を筆頭に挙げます。リリースは2022年と最近ながら非常に多くのデモやプロジェクトで利用されています。圧倒的な利用可能エリアの広さが強みですが、対応エリアが広い分個別のマップにおける精度が甘く、没入感醸成に足りないといわれることもあり、Pretiaや後述のImmersal（イマーサル）と併用されることも多いです。次にMicrosoftが提供するAzure Spatial Anchors（アジュール・スペイシャル・アンカーズ）も多くのプロジェクトで利用されており、特にHoloLens 2（ホロレンズ2）を活用したデモではよく用いられます。

次に(2)スタートアップ系です。まずは国内でも人気で、Pretiaも非常に参考にさせていただいているImmersal（イマーサル）をご紹介します。Immersalは自己位置推定機能とメッシュ（前述の「外観自体に意味がある点群」）生成機能を有した、非常にバランスのとれたサービスです。Hexagonという会社に2021年に買収され、今後は同社のコンサルティング事業に資するような進化を遂げていくのではないかと見込まれています。次に、Pokémon Go提供元として有名なNiantic（ナイアンティック）が提供するLightship（ライトシップ）です。Nianticは過去に複数のARクラウドスタートアップを買収しており、6D.ai（シックスディ・ドット・エーアイ）等の自己位置推定技術、8th Wall（エイス・ウォール）のWeb AR技術、そしてScanniverse（スキャニヴァース）の3Dモデル生成技術を統合した、ほぼ大手テックといってもいい統合サービスです。他にもPlacenote（プレイスノート）やStardust（スターダスト）等の独立系スタートアップが提供するARクラウドがあります。

以上はすべて、実は日本国外を拠点とするスタートアップが提供するサービスです。筆者が2023年1月時点で確認する限り、日本のスタートアップから提供されるARクラウドはPretiaのみとなっています。手前味噌ながらあえて前述のツール群と比較した際のPretiaの特徴を挙げるとするならば、①得意な小規模空間における自己位置推定では高い精度・速度を誇ること、②エンタメで重要な共有体験のサポートが充実していること、③商用利用実績が豊富にあること、と考えています。

Ⅱ．ARクラウドの価値とは何か

ARクラウドの技術要素やサービス例について解説したところで、次に「ARクラウドが何の役に立つのか」を簡単に説明しておきたいと思います。これらすべては、ARクラウドが「自分（コンピュータ）の居場所を理解し」、「ターゲットとなる場所に正確にコンテンツを表示できる」、という特徴により実現します。

1. 送　客

まず、特定の場所“にしか”存在しないコンテンツを制作できることが、特定地域に対して観光客等を誘引することにつながります。古今東西、ご当地の飲食店からお土産まで、最も大事なのは「そこにしかないこと」です。これはある種インターネットの「どこからでも使えること」と逆行しますが、ARクラウドは「そこにしかないコンテンツ」を生み出します。プレティア・テクノロジーズの提供するAR謎解きゲームでも、渋谷等の街でしか体験できないコンテンツを展開することで、その街に人を呼び寄せ独自の体験を提供することを目指していました。

図表1-3-3：AR謎解きゲーム「サラと謎のハッカークラブ２」

また、コンテンツそのものを目当てとする人以外にも、AR体験の中で特定の場所に体験者を誘うこともできます。アプリケーションを開いている間にARで人目を引くような広告を表示すること等により、エンタメ体験の中で物語に沿ったかたちで自然と飲食店に誘導すれば、人の流れを人為的に変化させることができます。Pretiaの提供するAR謎解きゲームでも、ルート上に位置する飲食店において何らかの購買行動を起こした参加者が56%いる、というデータが出ています。

２．イメージの共有

主に建設業や製造業では、建設予定地に建つビルがどのような見た目になるか、組み立て中の船舶ブロックに配管をどのようにつなぎ込んでいくべきかなど、ARで可視化させることに意味があるシーンがあります。そもそも現在は、試しに何分の一縮尺のジオラマを作ってみるようなコストのかかる方法や、２次元の図面と何度も見比べるような手戻りがどうしても発生してしまう方法に依存しています。「ひと目で」どう組み立てればよいかがわかる、というのは、シンプルながら大きな価値を持ちます。Pretiaで過去に実施したプロジェクトでも、施工担当者の作業時間を５分の１に短縮しつつ、ミスの発生率を下げることに成功しました。

こうした「イメージの共有」は、エンタテインメント以外の産業にARが普及するうえで非常に注目しています。さらに教育分野でも、たとえば化学反応のシミュレーション等に用いることで、世界中の子供たちがより楽しく効率的に知識を学べるような世界を生み出しうると考えています。

３．省人化

ショッピングモールやイベント会場の特定地点に、受け答え機能をもたせた３Ｄキャラクターを配置すれば、そうしたスタッフの人件費を節約させることができます。工場の現場監督のような監視機能をもたせる役割は、単純に３Ｄコンテンツを表示させるだけではないため一工夫が必要です。一方で、いま人間を配置して仕事を遂行しているような領域のうち、実行主体（かつては人間、今後はコンピュータ）の高度な状況理解・判断能力を要求しないようなものであれば、省人化が進んでいくと考えられます。現にPretiaのAR謎解きゲームにおいても、コロナ禍以降は店舗スタッフ等の現場配置を撤廃し、キャラクターによる案内と一部遠隔チャットサポートを組み合わせることで、衛生的に安全かつ低コストな興行運営を実現しました。

図表1-3-4：ARゲームにおけるキャラクターによる案内

特に受け答えや感情表現については大きな進歩の兆しがあります。2022年にOpenAIが公開したChatGPT（チャット・ジーピーティー）は、高度な質問に対して非常にもっともらしい回答を返すことで激震が走りました。またGenerative AI（ジェネラティブ・エーアイ、生成AI）領域では、文字による指示ひとつで多様な画像生成を可能にし、３Ｄモデル生成に関する研究も盛んになっています。これらを組み合わせれば、デジタルヒューマンの言語的・視覚的な表現力が人間と区別がつかない水準、少なくとも道案内のように高いホスピタリティが要求されないシーンでは問題にならないレベルに達するのはそう遠い未来ではないように思えます。

またARそのものの特徴である「情報の量・次元が多いこと」が組み合わされば、上記のようなデータの提供をすべて人間にとって低負荷に、もっといえば「楽しく」実現することができます。これにより、全産業において人間の仕事のしかたが変革され、「楽しく便利な社会」を到来させることができます。

Ⅲ．ARクラウドの法的課題

このように、特定の場所に精度高く３Ｄコンテンツを表示するARクラウドの特性は、社会のさまざまなシーンにおいて活用されるポテンシャルを秘めています。ただしARクラウドが社会にスムーズに受け入れられていくには、いくつか懸念されている法的課題に対処せねばなりません。

１．不動産（土地・建物等）権利者の許諾

ARクラウドにおける自己位置推定に用いる点群は「疎」な点群です。そのような点群をぱっと見ただけでは、それが何の空間を模したものなのかは判然としません。また一般に建築物は著作物と評価されにくい傾向があるようです。したがって、ARクラウドに用いる点群を取得（撮影）する行為は、著作権侵害とはなりにくいと思われます。

ただし、所有者に無断で土地や建物に立ち入り、ARコンテンツを提供または利用することは違法となる可能性があるでしょう。したがって、現実的には所有者の同意を取り付けることが望ましく、Pretiaがコンテンツを展開する際にもそのような運用を行っています。

もっとも、これからARコンテンツが世界中に普及していくうえで、こうした同意を逐一取り付ける負担をARコンテンツの開発者に強いるのは、大きな障壁となりえます。インターネットが爆発的に普及したのは、誰でもコンテンツをインターネットに公開できる自由度のおかげであり、その経済的かつ社会的な恩恵を最大限に享受するならば、適切な範囲でコンテンツ作成の自由度を最大限認めていく必要があるでしょう。

筆者自身は、ARコンテンツの配置に対して同意している不動産権利者のネットワークが存在すればよいと考えています。ARコンテンツ開発者は、そのネットワークを参照しながらARコンテンツを展開する場所を決定し、開発を進めていきます。ARコンテンツが空間に埋め込まれれば、事業者に対しては送客や省人化メリットを、消費者にとっては利便性を提供できるということがより広く認知されていけば、こうした構想も現実的になるでしょう。

2．商標の写り込み

前述のとおり、「疎」な点群であれば建築物や屋外広告にプリントされたキャラクターや商標等の著作物は、大抵の場合判別不可能です。ですが、そもそも「点群」というコンセプトが理解しにくいものであること、さらに点群の間でも疎密度合いに差が大きいことから、万が一のトラブルを避けるべく点群を取得すること・されることに慎重になってしまう権利者も多いのが事実です。この説明コストや交渉コストをAR開発者が負っていくのは、やはりARの普及を妨げる一因となりえます。

こうした状況に対しては、ARクラウドにおける点群撮影については、著作権や商標権の侵害に当たらないことを周知徹底していく方法がありえます。点群の一定スケールあたり密度が基準以下であれば不問にするなどの定量的な解決も考えられると思いますが、個人的にはあまり推奨できません。なぜなら、点群の疎密度と自己位置推定のスピードと正確性については、今後の研究の発展いかんで今とは異なる基準がスタンダードとなる可能性があるからです。AR開発者や版元がARの活用に対して萎縮してしまう状況を回避するためには、まずもって街中にARコンテンツを広く展開することのメリットと、仕組み上権利侵害になりえないことの周知が必要であると考えます。

3．人流による事故防止

過去、ARアプリケーションやゲームの利用中に事故が起こったケースはあります。特に死亡事故が起こるようなケースでは、開発会社に対しシステム変更を要望する声が上がったり、訴訟が提起されたり、一部ではあるものの行政による規制推進論にまで及ぶ声があがることもありました。こうした事故は、詳細を見ていくと必ずしもARアプリ等の仕様に問題があったと断定できないケースが多くあります。ですが、企業が余計な訴訟リスクを減らしたいという観点からも、開発会社が自主的に歩きスマホ防止機能等をアプリに組み込むことは、ある程度一般的になってきています。

今はまだ、AR全体というより個別のアプリやゲームが槍玉になるケースが多い印象です。ですが、今後人気を博するARコンテンツが増えるにつれ、AR全体が社会から目の敵にされるリスクは高まっていくと予期すべきです。この点については現段階で法改正を議論するよりも、AR業界全体で自主ガイドラインの作成および遵守を進めていくことが効果的でしょう。さらにそうした安全性基準が周知されたうえで、ARプロジェクトの予算を承認する発注元企業側にも、ある程度安全性担保にコストをかけていくことに前向きな姿勢が求められるといえます。

こうした対策にコストを割いていくためにも、行政のリーダーシップにより前述の不動産権利者の許諾や商標の扱い等に関わる調整・交渉コストが削減されることが重要です。さらに民間においても、ARクラウドのツールが進化し、没入感の高いAR体験がより簡単に開発できるようになっていけば、安全性対策にもさらに向き合えるようになります。弊社もARクラウドの提供企業、かつAR業界の一員として、高品質なプラットフォーム提供と自主ガイドラインの策定を通じて、市場の発展に貢献していきたいと考えています。

（原稿受領日：2024年1月7日）

【第４節】

音のAR/MR　視覚に先行する“究極の体験”の正体

株式会社GATARI　代表取締役　竹下　俊一

Ⅰ．はじめに

Augmented Realitry（AR）やMixed Reality（MR）というとメガネ型のデバイスや街中に３Ｄモデルが出現するイメージ等、視覚を中心に話題を集めがちです。かたや、聴覚のAR/MRという分野が近年大きく発展を遂げていることはあまり知られていません。そして、聴覚のAR/MRはいまだ広大なフロンティアを残している魅力的な分野です。本節の筆者自身、聴覚のAR/MRに取り組むGATARIというスタートアップを創業し、音声をコンテンツの主とするMR（いわゆる音のMixed Reality）を実現する「Auris」というサービスをさまざまな施設や自治体向けに提供しています。本節では、筆者の現場での経験を踏まえて聴覚のAR/MRの魅力を伝えるとともに、分野を俯瞰して混同されがちな音のARと音のMRの仕組みの違いとユースケース、そして音のMRを導入するにあたって検討するべき法的課題について説明します。

Ⅱ．音のAR/MRの魅力

歴史的に見て、メディアはデバイスシフトに伴って変容してきました。振り返ってみるとメディアの普及においては、まず音声が先行してきました。モバイルにおけるウォークマンはその筆頭例といえます。

音声データというものは扱いやすく、デバイスも整えやすいということもあって、新しいメディアの特性を活かした体験が日常に浸透しやすいことが大きく影響していると考えられます。これはAR/MRの分野においても同様です。

音のAR/MRの大きな魅力の1つは現時点でデバイス等の外部環境が整っているため実現性が非常に高く、すでに将来普及するであろうAR/MRグラスにおける聴覚メディアの“究極の体験”に先行してたどり着くことができるという点です。

音のAR/MRでは主にスマートフォンとイアホンやヘッドホンのような音声端末を使用しますが、これらのデバイスはすでに1人1台に近いレベルまで普及が進んでいます。

そして、音声再生端末を耳のウェアラブルデバイス、いわゆるヒアラブルデバイスと捉えて、さまざまなセンサーを搭載したものも増えてきています。

特に、ヘッドトラッキングを可能にする6軸センサーについては、Appleが2020年に空間オーディオの発表とともにAirPods proに搭載、2022年に第3世代AirPodsに搭載したことで、現在ではAppleが販売するすべてのイアホン・ヘッドホンに搭載されるようになりました。Apple以外のメーカーのイヤホンにも6軸センサーを搭載しているデバイスが現れ始めています。

AR/MRグラスへのデバイスシフトが起きた際の聴覚メディアにおいて“究極の体験”に必要なものは6軸センサーだけに留まりません。必要な技術を抽出してみると以下のものが挙げられます。

・ヘッドトラッキング可能な6軸センサー
・音声をフィードバックできる聴覚ディスプレイ
・インタラクティブな体験を可能にする通信と計算端末
・インサイドアウトで自己位置認識をするイメージセンサー/LiDARセンサー

上記のリストはスマートフォンとヘッドトラッキング可能な音声端末を利用して現時点で実現可能であり、すでに聴覚メディアについてはAR/MRグラスへのデバイスシフト後の“究極の体験”に必要な構成が揃っているといえます。そのほかにも、音の存在感を向上させる定位感の演出のために必要なHRTF（頭部伝達関数）の個人最適化等、周辺技術も発展が進んでいます。MRの特徴である、非侵襲性、多層性、プライベート性等を活かした空間価値の向上を2023年時点ですでにサービスとして提供可能ということを意味します。

また、聴覚のAR/MRにはAR/MRグラスの普及の前段階としてだけではなく、視覚に偏重した現代社会において聴覚の優先順位を向上させるほどのインパクトを与える可能性があります。期待されているAR/MRデバイスがアイウェア型であることや、「視覚が人間の情報入力の８割」という言説が自然に受け入れられている現状が示すように、現代社会においては視覚モダリティの地位が非常に高くなっています。しかし本来、人間のモダリティ自体に優劣があるわけではなく、優先順位は個人と環境によって変化します。つまり、視覚モダリティが聴覚モダリティをはじめとする他のモダリティよりも優先順位が高いように感じられるのは視覚ディスプレイを情報摂取に多用する現代社会の環境に起因したものであり、テクノロジーの発展によって社会環境が変化すれば優先順位は変わりえます。

活版印刷の発明以前、人類の情報伝達の中心は口承であり、支配的なのは聴覚でした。実際ペルーのアマゾン地方に住むヤネシャを調査した人類学者のフェルナンド・サントス・グラネロは、彼らが重視する感覚は重要度の順に聴覚、視覚、嗅覚であると報告しており[1]、人間社会において視覚モダリティが最重要であるわけではありません。

筆者は、音のMixed Reality体験をさまざまな施設でユーザーに体

【1】 F.SantosGranero,"SensualVitalities:NoncorporealModesofSensingandKnowinginNative Amazonia,"Tipití：JournaloftheSocietyfortheAnthropologyofLowlandSouthAmerica4(1),pp.57-80,2006.

験してもらい、反応を観察してきた中で、すでに存在するリッチな空間である現実空間を舞台とするAR/MRにおいては、すべて意図したデジタル空間で囲い込むことができるVRとは異なり、視覚よりも聴覚の方がエンハンスできる部分が大きい、つまりAR/MRは視覚よりも聴覚体験に与えるインパクトのほうが大きい領域であると感じるようになりました。

AR/MRデバイスが普及することで聴覚が重要な耳の時代がやってくる。そんな可能性を感じさせる体験を2023年の時点で実現できる。それが音のMRの魅力です。

Ⅲ. 「音のAR」と「音のMR」の仕組みとユースケース

1. 仕組み

「音のAR」と「音のMR」は、共に現実空間においてユーザーの位置情報をトラッキングし、事前に設定したエリアにユーザーが入るとBGM/SE（サウンドエフェクト）/ダイアログといった音声データでフィードバックを行うオーディオファーストのAR/MRへのアプローチです。

音のARが空間を２次元で捉えて平面的な音声範囲を設定し、音声情報をレイヤーのように重畳する一方で、音のMRでは空間を３次元で捉えて立体的な音声範囲を設定し、音声情報があたかも物体のように空間に存在し、空間に融け合うことを目指しています。

「音のAR」と「音のMR」の体験は大きく異なり、その違いは、ユーザーの位置情報のトラッキング方法の違いに起因します。

音声ARと音声MRで主に利用されているトラッキング技術は複数の手法が登場しています。実施する空間の環境や提供したい体験に合わせて採用するトラッキング方法を選択します。

・**GPS（Global Positioning System）**：上空にある複数のGPS衛星からの電波を受信して位置情報を割り出すアウトサイドインの自己位置推定技術です。端末や環境によって位置精度誤差が数メートルから数十メートルと大きいため、地域でのスタンプラリー的な体験や目的地までの長い移動中の体験等、広い範囲を利用するARで利用されます。屋内で精度がさらに落ちることや、高さの認識ができないため、屋内や地下、階を跨いだ体験には適していません。位置精度の問題はあるものの、レシーバーがスマートフォンに内蔵されているため、非常に低コストで利用することができます。

・**ビーコン測位**：ビーコンからの距離が遠いほど受信電波強度（RSSI）は弱くなるという原理を利用するアウトサイドインの自己位置推定技術です。施設内にBluetooth Low Energy（BLE）ビーコン等を事前に設置し、スマートフォンと通信して位置を推定します。位置精度誤差は、種類によりますが、数メートルほど出る場合があります。屋内でのAR体験に主に利用されるほか、屋外で一部位置精度を高めたい場所でGPSと併用されることがあります。近い距離に複数置くことや入り組んだ場所での利用には適していません。GPSと比較して導入に設置のコストとメンテナンスのコストがかかります。

・**PDR（Pedestrian Dead Reckoning）**：加速度センサー、ジャイロセンサーから得られる情報を使って移動距離を算出して位置を決定するインサイドアウトの自己位置推定技術です。前述のGPSやビーコンがある程度の絶対座標を推定できるのに対して、あくまで移動による相対位置を推定するものなのでスタート地点等で位置座標を定める必要があるほか、誤差が蓄積し続けてしまうという特徴があります。アウトサイドインのトラッキング方法と併用して利用されます。

・**VIO（Visual Internal Odometry）**：カメラを用いたVisual SLAM

とIMU（Inertial Measurement Unit：慣性計測装置）を併用したインサイドアウトの自己位置推定技術です。スマートフォンのカメラを利用してセンチメートルオーダーの位置精度誤差で位置推定を行うことができます。体験中にはカメラを常に外界に向けて置く必要があり、高い精度を維持する裏で多くの画像処理を行うため、要求するスマートフォンのスペックが高く、消費電力量も多いという特徴があります。特徴点の少ない環境では精度が落ちるという制約があり、採用する場合には現地空間の理解が重要です。ARではここまでのトラッキングは必要ありませんが、MRで利用されます。

・**VPS（Visual Positioning System）**：事前に取得した空間の特徴点スキャンデータとスマートフォンのカメラに映る風景の特徴点データを照合してユーザーの絶対位置を定めるインサイドアウトの自己位置推定技術です。センチメートル単位の位置精度誤差で位置推定を行うことができます。VIO同様に特徴点の少ない環境では精度が落ちるという制約があり、採用する場合には現地空間の理解が重要です。VIOと同様に音のMRで利用されます。

採用するトラッキング方法は1つである必要はなく、環境や必要とする位置精度に合わせて併用して、自己位置推定を行います。

2．音のAR

音のARはGPSのみ、ビーコンのみ、GPS＋ビーコン、PDR＋ビーコン等のアウトサイドインの位置測距技術のいずれかの構成で提供されるケースが主です。近年上記のトラッキング技術の精度の向上により、より空間に合わせた音声情報が提供できるようになり再度注目を集めていますが、トラッキング方法自体は古くから確立されており、音のARという表現はされていないものの2000年代にはすでにGPSによる位置情報に合わせた音声ガイドの提供といったサービスの開始が確認できます。

位置情報に合わせた音声体験ができるサービスが音のARとして広く一般に提供されるようになったのは2018年3月のこと。米テキサス州オースティンで開催されたSXSWにおいて米オーディオブランドのBoseがBoseARというaudioARプラットフォームのコンセプトを発表し、BoseFramesをはじめとするBoseAR搭載端末を100万台出荷するという宣言の下に大々的にキャンペーンを行ったのがきっかけです。

2018年5月にはソニーモバイルコミュニケーションズ株式会社がSoundARの商標出願を行っているほか、同年以降にさまざまな音のARサービスが国内外各社から公開されています。

音のARは、音のMRと比較して、「体験時の消費バッテリーが低い」、「ほぼすべてのスマートフォンを対応端末にできる」、「カメラを常に外に向けている必要がなくポケットに入れておくことができる」といったメリットがある一方で、位置精度がメートル単位のため、「意図した場所でピッタリと音を出すことが難しい」、「干渉を避けるために音声範囲同士の距離を数メートル以上開ける必要がある」といった制約があります。そのため、広い施設や、街の中でスポットを巡って回遊するような数時間かけて長い距離を移動する体験に適しています。

音のARのユースケースとしては主に以下が挙げられます。

・街中エンタテインメント・謎解き
・音声スタンプラリー
・美術館・博物館・水族館の音声コンテンツ
・観光ガイド・聖地巡礼・オーディオツアー
・ナビゲーション・視覚障害の方の情報保障

3．音のMR

音のMRはVIO＋VPSの構成で提供されるケース（VPSの補助的にGPS等が使われることがあります）が主で、提供され始めたのはVPS技術の商用利用が始まった2019年以降と比較的最近です。

音のMRは、音のARと比較して体験時の消費電力量が多く、対応可能な端末もARKit/ARCore対応のスマートフォンに限られ、常にカメラを外に向けていないといけないという制約があります。一方で、センチメートルオーダーの位置精度を、高さを含む３次元で意図どおりの場所で音を出すことができ、音声範囲同士も距離に制約がなく重ね合わせも含め複雑な配置が可能です。たとえば椅子に近づくとコンセプトBGMが聞こえてきて、座ると解説が聞こえ始めるといった没入感のある音声表現が可能になります。消費バッテリーが多い一方で没入感が非常に高く、狭いエリアでも多くの音声範囲を設定することができるため、１時間以内で回れる小〜中規模の体験に適切です。

音のMRのユースケースとしては、主に以下が挙げられます。

・テーマパークアトラクションをアップデートするプライベートコンテンツ
・お城や史跡等の文化遺産内の没入型音声ガイド
・没入型の企業展示案内やモデルルームガイド
・宿泊施設の部屋で体験可能な宿泊プランとセットの音声コンテンツ
・美術館・博物館・水族館の没入型音声コンテンツ
・視覚障害のある方の施設内情報保障・エンタテインメント

Ⅳ. 音のAR/MR導入にあたっての法的課題

音のAR/MRを施設へ導入する場合に事業者が気をつけるべき主な法的課題について論じていきます。なお、多くは「音のAR/MR」独自の課題ではなく、AR/MRの提供全般に共通する課題です。

1. 著作権・著作隣接権

音のAR/MR体験に著作権のある音声データ（歌詞、メロディ、ナレーションのテキスト等）を利用する場合には、著作者からの許諾が必要です。録音された音源を利用する場合、著作隣接権（実演家の権利やレコード製作者の権利等）についても許諾を得ることを検討します。

2. 著作人格権（同一性保持権）

音のAR/MR体験で美術品や建造物等の著作物に対して解説等の音声データを重畳する場合には著作者の同一性保持権に留意し、作品の意図に沿ったデータを用意するとともに、著作者に許諾を取ることも検討します。ロケーション内にある著作物に関し、同一性保持権に留意して著作者に許諾を取る場合には、ロケーションオーナーから著作者を紹介してもらう必要があるケースが多く、ロケーションオーナーとの協力も欠かせません。

3. 消防法

施設で音のAR/MRサービスを提供する際に耳を塞ぐヘッドホンを利用する場合、火災や緊急事態の警報音、スタッフや救助員の声等を聴き取ることができなくなる可能性があり、消防法における安全規定の観点から注意を受ける可能性があります。オーディオグラスやイアーカフ型のイアホン、骨伝導イアホン等のオープンイアータイプのデバイスを利用する、もしくはヘッドホンやイアホンの外音取り込み機能を利用するなどの対策があります。

4．建造物侵入

特定のロケーションに音のAR/MR体験を設置する場合、無断で施設内に設置するとユーザーが建造物侵入罪に問われる可能性があります。音のAR/MR体験を設置する場合には、ロケーションオーナーの許可を取得しなければなりません。

5．歩きスマホへの配慮

音のAR/MR体験をユーザーのスマートフォンで体験してもらう場合、ユーザーが歩きながらスマートフォンの画面を見続ける「歩きスマホ」を行ってしまい、サービスがユーザー、ロケーションオーナーその他の第三者の生命、身体、財産等に対する損害の発生に加担してしまう可能性があります。歩きスマホを防ぐためにサービスのUI/UXにおける結果回避措置を行うほか、利用規約において禁止事項として明記することが重要です。

6．位置情報への配慮

音のAR/MRでは、ユーザーの位置情報がサービスの提供に利用されます。そのため、必要に応じ、プライバシーポリシーにおいて位置情報の扱いについて明記するとともに、ユーザーの位置情報の利用に同意してもらうことを検討します。

（原稿受領日：2024年１月11日）

#【第５節】

投資視点からみたメタバース

株式会社Mogura　石村　尚也

Ⅰ．XR・メタバースの魅力（投資対象として）

もうずいぶんと前の話にも感じますが、2021年、米Facebookは社名をMetaに変更し、「SNSの会社」から「メタバースの会社」へと脱皮することを公表しました。このこと自体はすでに事情をよく知るユーザーらには予想されていたことではあったものの、世の中にとっては大きなインパクトを与えたことは記憶に新しい出来事です。

米大手金融機関モルガン・スタンレーによれば、メタバース分野は８兆ドルの市場規模があるといいます。同社は「メタバースが次世代のソーシャルメディア、ストリーミング、ゲームのプラットフォームになる可能性が高い」と見なしており、それらの市場やEC等を塗り替えていく存在としてメタバースを見ているようです。

こうした莫大な成長可能性を持つメタバースには、投資家も熱い視線を投げかけています。実際に投資された金額もかなりの規模感を持っており、メタバース投資が結実するかどうかは大きな関心事となっています。

米Metaだけではなく多くの企業がメタバースへの参入や出資を表明しており、今後の技術の進化と共に、この動きはより激しくなっていくと予想されます。メタバースは始まったばかりではありますが、今後も目が離せないものとなるでしょう。

ただ現状、メタバースに対する過剰な期待はすでに剥落し、メタバースの「ブーム」自体は沈静化したといえます。調査会社のガートナーは、定期的にハイプサイクルと呼ばれるモデルを公表しています。ハイプサイクルは、新しい技術が登場してから成熟に至るまでの過程を表したモデルです。このモデルは、特定の技術が市場に導入された後に経験する典型的なパターンを示しており、主に５つの段階で構成されています。

2022年にはハイプサイクル上、「過度な期待のピーク期」にあったメタバースですが、2023年には「幻滅期」に移行しました。この幻滅期は、過度な期待から現実的な評価へと移行する段階であり、技術の実際の利益や適用可能性に関するより現実的な理解が進む時期です。今後は、メタバースについて人々の認識が正確になっていくごとに、その評価も徐々に「地に足のついたもの」になっていくでしょう。

本節では、XRおよびメタバースの更なる普及に向け、どのような課題があるのか、そして解決策は何なのか、をビジネスの視点から見ていきます。

Ⅱ. XR・メタバースの更なる普及に向けた課題と解決策

期待を内包するメタバースですが、現実にはまだ多くの課題があります。ここでは大きく分けて３つの課題を取り上げ、その解決策を提示することでメタバースが普及する道筋についての大まかなイメージを捉えてみたいと思います。

メタバースの普及に向けた課題の１つ目は、ユーザー数の少なさです。メタバースが普及したというためには、いわゆる「キャズム」越えが必要です。新しい概念が広がるためには、「新しもの好き」とされるイノベーター、アーリーアダプターからなる初期のユーザー16%を越え、メインストリームであるアーリーマジョリティ、レイトマジョリティに広がっていかなければなりません。この初期市場とメインストリームとの間にある深い溝のことを「キャズム」といいます。

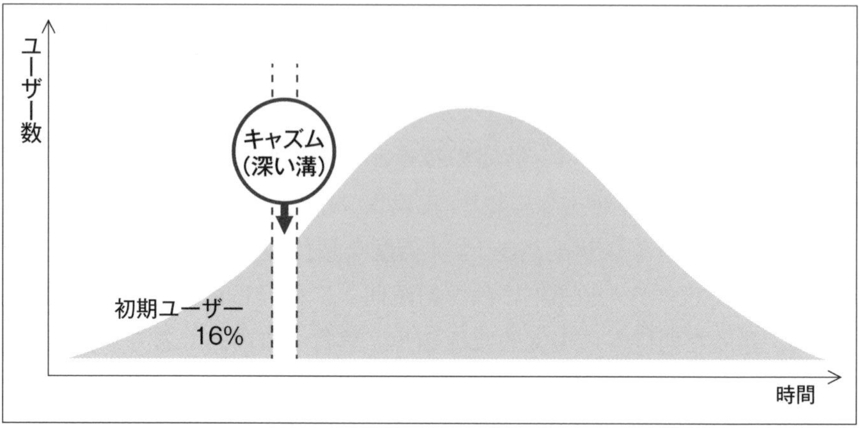

図表1-5-1：新しい概念の広がり

ということで、2つ目は、「キラーアプリケーションの不足」が課題です。前の項目とも関係しますが、キャズムを越えるためには、単に「新しいから購入する」という以上の購買理由が必要になってきます。たとえばスマートフォンであれば、LINEのようなメッセージアプリや、どうしてもやりたいゲーム等がキラーアプリケーションたりうるでしょう。それと同じように、メタバースの中でどうしてもやりたいもの・やらなければならないもの、があって初めてメタバースが普及することになりますが、まだまだそういったアプリケーションが不足しているのがメタバースの現状でしょう。

「キラーアプリケーションの不足」を解決するためには、もっと多くのメタバース向けアプリケーションが開発されるよう、プラットフォーム側がオープンな姿勢を見せ、アプリ開発側に対して収益を分配する必要があります。もう少し平たくいえば、「メタバース向けアプリケーションを開発すると儲かる」という仕組みを提供することが必要になります。

iOSやAndroid等で開発者が作った面白いゲームや便利なアプリケーションなどが手に入れられるように、メタバースにおいてもこのようなキラーアプリケーションが出てくれば、一気に普及が進む可能性はあるでしょう。

3つ目は、「メタバース開発に対する継続力」が課題になります。ユーザーがまだ少ない段階では、メタバースに参入しても多くの企業が「儲からない」状態がしばらく続くのではないか、と思われます。そこで、多少の赤字を覚悟してでもメタバースを構築する継続力を持てるか、もっといえば赤字を許容できる資金力、財務基盤を構築しているか、が勝敗を決めるポイントになるでしょう。

スタートアップや新規事業のような、不確実性は高いが将来の収益が見込めるような事業に参入する場合、一般的に最初はコストが先行し大きな赤字が出るものの、しばらく事業を継続していくと売上げがコストを上回り黒字転換し、その後大きく伸びていくという動きを見せます。収益と時間の関係をグラフにすると、Ｊ字のカーブを描きます。

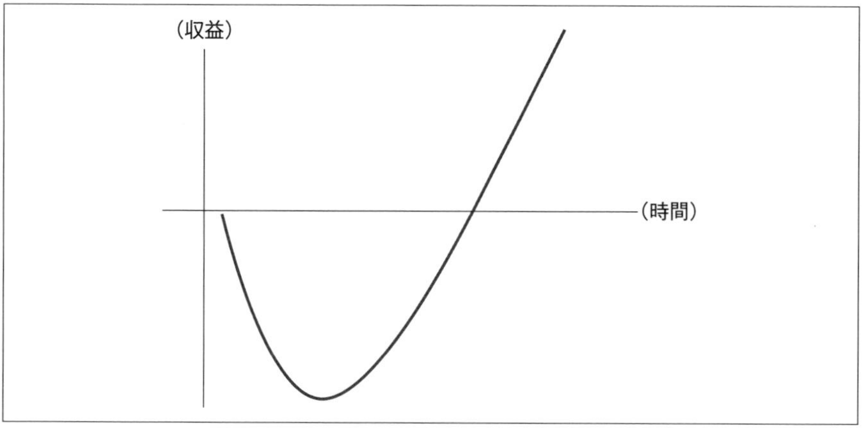

図表1-5-2：Jカーブ

このようなＪカーブをにらみつつ、最初は赤字が出ていても将来にメタバースが普及したときのことを考えて投資を継続できるかどうかが極めて重要なファクターになってきます。スタートアップであれば資金調達力を高めるために優秀なCFOを雇い入れることを検討すべきですし、無駄なコストをかけないようにいかに事業を必要なものだけに、「リーン（ぜい肉のとれた事業）」に仕立てていくかが重要になってくるでしょう。大企業であれば、株主への説明に大きなコストがかかるでしょう。何より、「それでも、メタバース開発をやり抜くのだ」という強い意志と実行力が必要になってきます。

Ⅲ. XR・メタバースへの投資拡大に向けた課題と解決策

さて、最初に企業に赤字が出てもそれを許容し、華々しい未来に向けて投資を続けているのがベンチャーキャピタル（VC）という存在です。つまり、メタバースのエコシステムの中で、VCや、スタートアップに投資する余裕のある大企業といった存在はなくてはならないものであるといってよいでしょう。

VC側の積極的な投資を促すためにも、投資対象となるスタートアップの増加が望まれるところです。政府が示した2022年度の「骨太の方針」では、2022年を「スタートアップ創出元年」と位置づけ、「スタートアップ育成５か年計画」が策定され、スタートアップを５年で10倍に増やすという目標が立てられています。

筆者が2017年４月に公表した「近年の日米ベンチャー起業からみえる日本の起業活性化に向けた課題」[1]の中では、米国で起業活動が活発な理由として、金銭面では、IPOや大企業によるM&Aが積極的に行われていることからExitを見据えた活発なVC投資が行われ、好循環となっていること、社会・価値観的な側面では、起業がキャリアの選択としてよいものであるという認識が広まり、イノベーションを希求する大企業を中心に「失敗」を含めた起業に関する経験をビジネスキャリア上のプラスとなるようにとらえれば、起業に失敗した起業家

【1】 https://www.dbj.jp/topics/investigate/2017/html/20170417_200242.html

も積極的に雇用されるようになるため、「失敗してもなんとかなる」と起業失敗への恐怖が薄まり、起業意欲の向上に繋がっていることとしています。

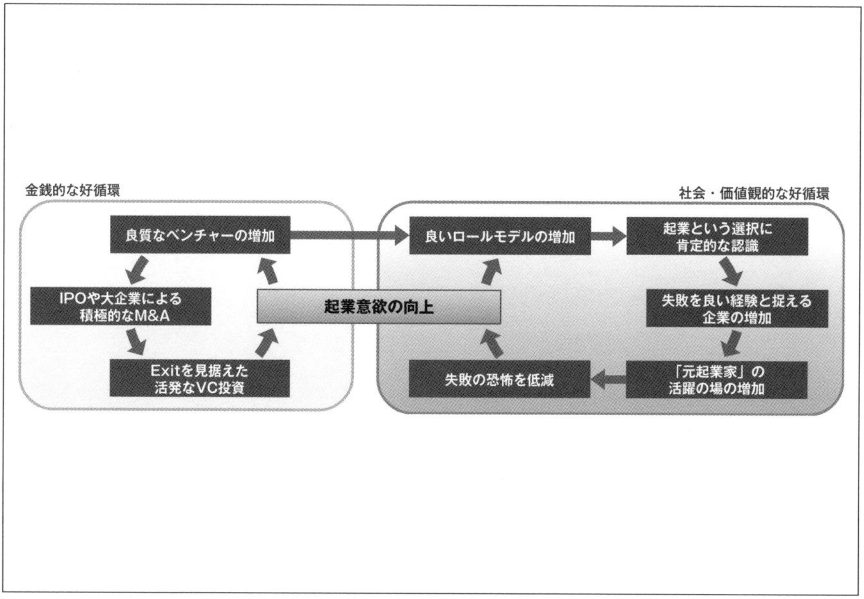

図表1-5-3：ベンチャー環境の２つの好循環（筆者作成）

こうした「２つの好循環」が日本でも回りはじめれば、徐々に起業が増え、VCからの投資もされやすい世の中が作られてくるでしょう。最近では起業経験のある人がVCでの投資に回ったり、逆にVC出身者がスタートアップのCFO等として活躍したりする、といった人材の好循環が日本でも生まれているという話もあります。こうした前向きなチャレンジを日本でも増やしていくことで、メタバースについても日本の勝ち筋が見えてくるのではないか、と思われます。

最後に、日本は、アニメやゲームといったコンテンツに強みを持った国です。メタバースが主力な産業になる時代においては、こうしたコンテンツに強みを持つ日本のソフトパワーが存分に活かせる環境ができ上がってくると思います。したがって筆者としては、こうしたコンテンツへの投資が日本においてより活発になり、より多くの面白いコンテンツが世に出て、人々に寄り添い、感動を与えてくれることを願ってやみません。

（原稿受領日：2023年12月28日）

第2章

バーチャル空間の知的財産

【第１節】
バーチャル空間におけるオブジェクトに関する意匠権と著作権、デッドコピー規制

大阪大学大学院 法学研究科　准教授　青木　大也

Ⅰ．はじめに

本節は、バーチャル空間におけるバーチャルオブジェクトと知的財産法、特に意匠法と著作権法、それに関連する不正競争防止法上のデッドコピー規制（不正競争防止法２条１項３号）における取扱いを概観するものです【1】。

【1】　本節の話題との関係で特に重要な文献として、内閣府知的財産戦略本部にて、メタバース上のコンテンツ等をめぐる新たな法的課題への対応に関する官民連携会議が開催され、「メタバース上のコンテンツ等をめぐる新たな法的課題等に関する論点の整理」（2023年５月。以下「論点の整理」）が公表されています。また、学説上、たとえば、AMTメタバース法務研究会「メタバースと知的財産法」NBL 1228号（2022）68頁、青木大也「現実世界のデザインとメタバース内のアイテム」法学教室515号（2023）15頁、同「バーチャル空間における意匠保護の現状と今後―著作権法、不正競争防止法との差異を踏まえて」DESIGN PROTECT 137号（2023）２頁、蘆立順美「現実世界をメタバース内に再現する際の諸課題」法学教室515号（2023）10頁、麻生典「メタバースと知的財産法」有斐閣オンラインL2212006（2023）、市村直也「3DCGと著作権」NBL 964号（2011）98頁、伊藤真「メタバース空間における知的財産権問題（著作権を中心に）」コピライト743号（2023）19頁、上野達弘「メタバースをめぐる知的財産法上の課題」Nextcom 52号（2022）４頁、岡本健太郎「メタバースにおける現実の再現とその権利問題」アド・スタディーズ81巻（2022）33頁、桑野雄一郎「メタバースと著作権法（上）」特許ニュース15674号（2022）１頁、小塚荘一郎＝石井夏生利＝上野達弘＝中崎尚＝茂木信二「仮想空間ビジネス」ジュリスト1568号（2022）62頁、駒田泰土「メタバースにおける活動」法学教室515号（2023）25頁、酒井麻千子「メタバース上でのコンテンツ流通と知的財産法」法学セミナー817号（2023）47頁、関真也「メタバースと知的財産法　第１回：課題の整理」コピライト737号（2022）30頁、同「第２回：メタバース上のオブジェクト及びアバターの保護」コピライト738号（2022）24頁、同「第３回：現実環境のメタバースにおける再現とメタバース環境の二次利用」コピライト739号（2022）55頁、同『XR・メタバースの知財法務』（中

バーチャルオブジェクトは、バーチャル空間における重要な要素の１つであり、場合によっては取引の対象ともなりうるものです【2】。もっとも、その活用にあたっては、たとえばリアルに存在する建築物や美術品、実用品のデザインを模倣してバーチャルオブジェクト化し、あるいはそのようなバーチャルオブジェクトを利用することについて、何か知的財産法上の問題が発生しないかを確認しておく必要があるでしょう。また、自らバーチャル空間に向けて創作・投入したバーチャルオブジェクトがどのように保護されるのかを確認しておくことも重要です。

本節では、法領域ごとに【3】、上記リアルに存在するもののバーチャルオブジェクト化の問題や、バーチャルオブジェクト自体の保護の問題に注目して検討してみたいと思います。

Ⅱ．バーチャル空間と意匠法

１．意匠法による意匠の保護とバーチャル空間

知的財産法にもさまざまなものがありますが、とりわけ意匠（デザ

央経済社、2022)、同「メタバースにおけるオブジェクトのデザイン保護と創作活動への影響―意匠法及び不正競争防止法２条１項３号を中心に」特許研究75号（2023）31頁、田村善之「メタヴァースにおける「実用品」の利用をめぐる各種知的財産法の交錯」情報通信政策研究７巻１号（2023）101頁、中崎尚「新たなカタチのコンテンツと知財―NFT、XR（AR、VR）とメタバース」NBL 1221号（2022）69頁、同『Q&Aで学ぶメタバース・XRビジネスのリスクと対応策』（商事法務、2023)、平嶋竜太「デザイン保護法制における棲み分けについての一考察」清水節先生古稀記念論文集『多様化する知的財産権訴訟の未来へ』（日本加除出版、2023）919頁等が挙げられます。

【2】 KPMGコンサルティング株式会社「令和２年度コンテンツ海外展開促進事業（仮想空間の今後の可能性と諸課題に関する調査分析事業)」https://www.meti.go.jp/policy/mono_info_service/contents/downloadfiles/report/kasou-houkoku.pdf（2021）14頁（2023.11.30最終閲覧。以下本節掲載のURLにつき同じ）等参照。

【3】 なお、本節で扱っていない話題として、いわゆる「物のパブリシティ」の問題がありますが、現在のところわが国ではこれを認めていないため、本節では措きたいと思います。関連して、本書第５章第３節（末宗達行）参照。

イン）を保護することを主目的とするのが意匠法です。出願手続は必要となりますが、意匠登録を受けることができれば、模倣に限られない、すなわち、相手方が自らのデザインにアクセスして真似したか否かを問わない絶対的な権利による保護を受けることができます（意匠法23条１項）。意匠法は、その保護対象として、物品の意匠、建築物の意匠、画像の意匠という３種類のものを掲げているところ（２条１項）、本節との関係では、①リアルの物品に係る意匠について意匠権を有していた場合、無許諾でバーチャルオブジェクト化されること等について、何か主張することができるか、②バーチャルオブジェクトを創作した場合、それについて意匠登録を受け、意匠法による保護を期待できるか、という問いが想定されます。

２．物品の意匠とバーチャル空間

まず①の問題については、リアルの物品に係る意匠について意匠権を取得していても、当該物品に係る意匠を模したバーチャルオブジェクトに関する作成等について権利を行使することは困難であるというのが現状です。これは、物品の意匠に関する意匠権によって規制できる行為が、意匠に係る物品の製造や使用、譲渡等とされており（２条２項１号）、あくまでリアルの物品が製造等されることが必要となっているためです【4】。したがって、リアルのペンの意匠について意匠登録を受けていても、そのバーチャルオブジェクト化されたデータの作成や、バーチャル空間での利用について、意匠権を行使することはできないということになります【5】。

なお、仮に当該バーチャルオブジェクトが、物品の意匠に係る物品

【4】　物品とは「有体物である動産」とされています（特許庁編『工業所有権法（産業財産権法）逐条解説（第22版）』（発明推進協会、2022）1252頁）。

【5】　たとえば、「論点の整理」11頁、関・前掲注１）「第２回」26頁、上野・前掲注１）９頁等。

の製造等に用いられるということがあれば、別途意匠権侵害の予備的な規制として、いわゆる間接侵害（38条1号・2号）に該当するとして、意匠権侵害とみなされる可能性があります【6】。しかし、通常バーチャル空間でのバーチャルオブジェクトの利用はそこで閉じていて、最終的な意匠に係る物品の製造等に繋がらないことが多いと思われ、間接侵害による規制も難しいように思われます【7】。

したがって現状、リアルの物品の意匠について意匠登録されていても、バーチャル空間上での似たデザインのバーチャルオブジェクトの利用については、規制対象とはならないということになると思われます（この点は、建築物の意匠であっても同様と思われます。したがって、たとえば街並みをバーチャル空間で再現しようとする際に、意匠登録された建築物が含まれていたとしても、意匠法との関係では差し支えないことになります）【8】。

【6】 この点については、たとえば、青木・前掲注1）「バーチャル空間における意匠保護の現状と今後」3頁も参照。

【7】 特に物品の意匠にあっては、文言上間接侵害として規制できるものが限定されており、バーチャル空間上のバーチャルオブジェクトがそれに含まれるかも問題になりそうです。詳細は青木大也「意匠法改正をめぐる諸問題（2）」知的財産法政策学研究60号（2021）179頁以下を参照。

【8】 なお、意匠権は、同一または類似の意匠について、当該意匠に係る業としての実施を規制することができるものですが、仮に物品の意匠と画像の意匠が類似することがあるとすれば、物品の意匠に係る意匠権によって、それと類似する画像の意匠の実施を規制することができるかもしれません。画像の意匠については、後述のとおり、その画像の作成等を規制することができるので、仮に上記が認められるのであれば、物品の意匠に係る意匠権によって、リアルの物品に関わらない規制が可能ということになりそうです。ただ、現状、物品の意匠と画像の意匠が類似する余地はかなり限定されるものと思われ（意匠審査基準第Ⅳ部第1章6.2.2.1参照）、また仮に類似するとしても、条文上、規制の対象となる画像の意匠は、あくまで後述の操作画像・表示画像に係るものに限定されることになります（23条、2条1項カッコ書き）。したがって、**3**で後述する画像の意匠に関する議論にも鑑みると、仮にこのような考慮が可能であるとしても、その実益は限られたものとなりそうです。青木・前掲注1）「バーチャル空間における意匠保護の現状と今後」4頁も参照。

3．画像の意匠とバーチャル空間

次に②の問題について見てみたいと思います。ここでは、バーチャルオブジェクトを創作した場合に、意匠法による保護を受けることができるかという点が問題となります。仮にその保護が可能である場合、先程の①の問題との関係でも、リアルの物品に係る意匠を創作したうえで、それについて同時に画像の意匠として意匠登録を受けることで、その物品のデザインに相当するバーチャルオブジェクトが保護されることになるでしょう。

この点、意匠法は先述のように画像の意匠を保護しているところ、バーチャル空間上のバーチャルオブジェクトも画像と評価することが可能であると思われます。しかし、意匠法はすべての画像を保護しているわけではありません。具体的には「機器の操作の用に供されるもの」（操作画像）と、「機器がその機能を発揮した結果として表示されるもの」（表示画像）のみを保護対象としています（2条1項カッコ書き）。したがって、たとえばバーチャル空間上で使用される、リアルのペンの通販サイト展開用の操作画像として、ペンのデザインを作成した場合、新規性等の各種要件を充足すれば、操作画像として意匠登録を受けることが可能です。この点は、リアルのペンのデザインを創作した者が、バーチャル空間での利用に備えて、同時に当該ペンのデザインを画像として出願する場合にも共通することです。一方で、たとえばバーチャル空間上の背景として置かれたペン等、特に用途・機能を有しない単なるコンテンツとして創作されたバーチャルオブジェクトについては、操作画像にも表示画像にも該当せず、意匠登録を受けることはできないと解されます【9】。

【9】 たとえば、「論点の整理」11頁、青木・前掲注1）「バーチャル空間における意匠保護の現状と今後」4頁、関・前掲注1）「第2回」26頁、中崎・前掲注1）「新たなカタチのコンテンツと知財」74頁等。もっとも、どのような画像が操作画像、表示画像に該当するかという点は、微妙な問題を含んでいることも事実です。この点について、近時の

画像の意匠として保護を受けた場合、その意匠と同一または類似の意匠の業としての実施について権利が及びます（23条）。ここでいう実施には、当該画像の作成や電気通信回線を通じた提供が含まれますので、バーチャル空間上での画像の利用は、ここでの実施に該当しうることになります。

ただし、画像の意匠として意匠登録を受けた場合、その権利範囲に注意が必要です。意匠権は同一または類似の意匠の実施について権利が及びますが、画像の意匠が類似するためには、その用途・機能も共通している必要があるとされています【10】。したがって、先ほどの例でいえば、たとえ画像の外観がペンのデザインで共通していても、同じリアルのペンの通販サイト展開用ないしそれに類するような用途・機能を有する画像にしか権利が及ばないということになります。この点、特にリアルの物品のデザインをバーチャル空間上で利用される場面に備えて、あらかじめ何らかの用途との関係で操作画像、表示画像の意匠の登録を受けていても、操作画像でも表示画像でもない単なるコンテンツとして利用されたり、あるいは当初想定できない用途で利用されたりといったように、権利を及ぼすことが難しい場面も多く予想されるところです【11】。

産業構造審議会意匠制度小委員会意匠審査基準WGでは、その明確化を目指した議論がなされました。その際の資料である「画像意匠として保護可能な範囲の明確化について(案)」(2023年９月)（https://www.jpo.go.jp/resources/shingikai/sangyo-kouzou/shousai/isho_wg/document/23-shiryou/03.pdf）が参考になります。その結果を受けて改訂された、意匠審査基準第Ⅳ部第１章3.1および6.1.1.1も参照。また、田村・前掲注１）105頁は、更に進んで、画像の操作や機能について現実世界との関連性を要求することを提案しています。

【10】 意匠審査基準第Ⅳ部第１章意匠審査基準6.2.2参照。

【11】 なお、物品の意匠との関係で述べたように、画像の意匠に係る意匠権についても間接侵害の成立余地がありますが、たとえば単にコンテンツとして使われているペンの画像が、登録意匠に係る画像の作成に用いられるかという点が問題となります。青木・前掲注１）「バーチャル空間における意匠保護の現状と今後」４頁を参照。

Ⅲ．バーチャル空間と著作権法

１．著作権法による著作物の保護とバーチャル空間

著作権法は、意匠法と異なり、その保護の体系において、リアル、バーチャルを基本的にはあまり区別していません[12]。媒体を問わず、著作物性の要件（著作権法２条１項１号）を充足すれば著作物として保護されます。たとえば、紙媒体の小説であれ、電子書籍の小説であれ、同じ言語の著作物として保護されており、紙媒体の本を紙媒体の本としてコピーしようが、電子化してコピーしようが、著作権の侵害となります。もっとも、後述のように、たとえばリアルにおけるライブイベントで音楽の著作物が演奏されれば、それは演奏権によって捕捉されるのに対して、バーチャル空間におけるそれは、通常は公衆送信権によって捕捉されることになるなど、リアルとバーチャルで取扱いの異なる場面ももちろんあります。以下ではⅡの意匠法で述べたのと同じように、リアルの著作物をバーチャル空間上で利用する場面と、バーチャル空間上での著作物の取扱いについて、いくつか話題をピックアップして紹介します。

２．リアルの著作物をバーチャル空間上で利用する場面①―応用美術をめぐる議論

上述のように、リアルで創作されたものが著作物に該当する場合、そのバーチャル空間上での利用も著作権侵害になりえます。たとえばリアルに存在する書籍の表紙をコピーしてバーチャル空間上にバーチャルオブジェクトとして再現すれば、（権利制限規定の適用がない限りは―この点は３で検討します）当該書籍の表紙に係る著作権侵害

【12】　意匠法との対比につき、関・前掲注１）「第２回」25頁参照。

を構成することになります（**5**で述べるとおり、複製権侵害や公衆送信権侵害を構成します）。ここでの著作物性の要件は、こと創作性に関する限り、著作者の何らかの個性が表現されていれば足りるとされており【13】、通常あまり高いハードルを課すものではないとされています。

もっとも、リアルの実用品のデザイン（応用美術）については、注意が必要です。著作権法上、応用美術の保護についてはさまざまな議論がされていますが、近時の裁判例の主流は、その保護について消極的な態度をとっています【14】。リアルの実用品について著作物性が認められないとするならば、当該リアルの実用品のデザインを模したバーチャルオブジェクトを作成したり、それをバーチャル空間上で利用したりしても、当該リアルの実用品との関係では、著作権侵害の問題は生じないと考えるのが素直な帰結と思われます【15】【16】。

【13】　たとえば、島並良＝上野達弘＝横山久芳『著作権法入門（第３版）』（有斐閣、2021）27頁［横山久芳］参照。

【14】　著作物性を否定した近時の事例として、知財高判令和３年６月29日令和３年（ワ）10024号［グッドコア］、知財高判令和３年12月８日令和３年（ネ）10044号［タコの滑り台］、大阪高判令和５年４月27日令和４年（ネ）745号［布団テキスタイル］等を参照。著作物性が肯定された近時の例として、東京地判令和２年１月29日平成30年（ワ）30795号［照明用シェード］、東京地判令和５年９月29日令和３年（ワ）10991号［Ｔシャツイラスト］を参照。詳論は避けますが、応用美術に著作物性を認めることに消極的な理由として、裁判例や学説においては、①意匠法との兼合い、②著作物性を認めた場合の実際上の不都合が指摘されています。愛知靖之＝前田健＝金子敏哉＝青木大也『知的財産法（第２版）』（有斐閣、2023）197頁以下［金子敏哉］、田村善之「タコの形状を模した滑り台の著作物性を否定した知財高裁判決について」知的財産法政策学研究66号（2022）９頁等を参照。

【15】　たとえば、「論点の整理」10頁、岡本・前掲注１）35頁、桑野・前掲注１）４頁、酒井・前掲注１）49頁、関・前掲注１）「第２回」25頁、田村・前掲注１）112頁。

【16】　ただし、当該実用品のデザインを模したバーチャルオブジェクトを作成するにあたって、何らかの調整を加えるなどの創作的寄与が別途加わった場合には、その点を以て当該バーチャルオブジェクトについて著作物性が認められ、著作権が発生することがありえます。この場合、当該バーチャルオブジェクトを無断で利用すれば、そのバーチャルオブジェクトを作成するにあたって創作的寄与を行った者の著作権を侵害する余地があるということになると思われます。もっとも、その元となった当該リアルの実用品（を創作した者）との関係では問題が生じないことに変わりはないものと思われます。田村・前掲注１）115頁参照。

なお関連して、著作権法は建築の著作物も保護の対象としていますが（10条1項5号参照）、こちらについても著作物性が認められるケースは限られています[17]。そのため、リアルの街並みを再現するようなバーチャル空間を作成しようとする場合に、建築に関する著作権が問題となるケースはあまり多くないように思われます（加えて、仮に建築の著作物に該当するとしても、**3**で後述するように、強力な権利制限規定も存在しています）[18]。

3．リアルの著作物をバーチャル空間上で利用する場面②—街並み再現をめぐる議論

リアルの著作物のバーチャル空間上での利用に関してよく指摘される問題として、リアルの街並みをバーチャル空間で再現する場面が挙げられます。「バーチャル渋谷」[19]等がこの実例といえるでしょう。

この関係で、リアルの街並みには、（限られた場面とはいえ）建築の著作物や、オブジェやポスター等の美術の著作物が存在しており、これらをバーチャル空間上で再現すると、**5**で後述するとおり、当該著作物に係る複製や公衆送信の問題が生じえます。

しかし、著作権法46条は、各号所定の例外を除いて、屋外の場所[20]に原作品が恒常的に設置された美術の著作物と建築の著作物につい

【17】　著作物性が否定されたものとして、大阪高判平成16年9月29平成15年（ネ）3575号［グルニエ・ダイン］、東京地判平成26年10月17日平成25年（ワ）22468号［ワンダーデバイス］、前掲注14）［タコの滑り台］等。なお、著作物性が肯定されたものもありますが、当事者間で争いがなかった事例（知財高判平成29年10月13日平成29年（ネ）10061号［ステラマッカートニー］）や、庭園等通常の建築物のみが問題となったわけではない事例（東京地決平成15年6月11日判時1840号106頁［ノグチ・ルーム］、大阪地決平成25年9月6日判時2222号93頁［新梅田シティ］）等であったところ、近時の東京地決令和4年11月25日令和3年（ヨ）22075号［町田市立国際版画美術館］は、建築物について著作物性を認めた珍しい例です。

【18】　中崎・前掲注1）「新たなカタチのコンテンツと知財」73頁参照。

【19】　https://vcity.au5g.jp/shibuya

て、「いずれの方法によるかを問わず」利用することができると定めています。そのため、街中に原作品が恒常的に設置された彫刻作品や特徴的な建築物について、バーチャル空間上で再現したとしても、原則として著作権侵害は成立しないことになります【21】。もっとも、美術の著作物との関係では、原作品の恒常的な設置が要件となっていることから、ポスターや標識のイラスト等、複製物が掲載されているにすぎない場合はこれに該当せず、同条による防御が難しいとの指摘があります【22】。また、「屋外の場所」に設置されている必要があるところ、駅構内等に原作品が恒常的に設置されている場合等の取扱いが問題になると思われます【23】。

また、著作権法30条の２の活用も提案されているところです。これは、「写真の撮影、録音、録画、放送その他これらと同様に事物の影像又は音を複製し、又は複製を伴うことなく伝達する行為」（「複製伝達行為」といいます）に際して付随的に取り込まれる著作物の利用を可能とする規定です。これにより、街並みをそのままバーチャル空間上に展開する際に、付随的にポスター等を取り込んでしまうことを許容することができるものと指摘されています【24】。ただし、適用にあたっては「軽微」性や著作権者の利益を不当に害しないこと等が求められており、留意する必要があります【25】。

【20】　ここでいう屋外の場所とは、「街路、公園その他一般公衆に開放されている屋外の場所又は建造物の外壁その他一般公衆の見やすい屋外の場所」（45条２項）と規定されるものです。

【21】　「論点の整理」16頁、蘆立・前掲注１）11頁、上野・前掲注１）５頁、関・前掲注１）「第３回」56頁。

【22】　蘆立・前掲注１）12頁、上野・前掲注１）５-６頁、関・前掲注１）「第３回」56頁。

【23】　上野・前掲注１）６頁、関・前掲注１）「第３回」56頁。

【24】　蘆立・前掲注１）12頁、上野・前掲注１）６頁、関・前掲注１）「第３回」57頁。

【25】　蘆立・前掲注１）12頁、上野・前掲注１）６-７頁、AMTメタバース法務研究会・前掲注１）71頁参照。

4．バーチャル空間上での著作物の取扱い①―バーチャルオブジェクトの著作物性

2で見た場合と異なり、当初からバーチャル空間上の実用品のデザインを創作する場合、そのデザインの著作物性はどのように判断されるのでしょうか。

これについて、「論点の整理」では、「例えば、衣服の３Ｄデザインなど、現実世界での実用品のデザインとして実際に使用できるものについては、現実空間、バーチャル空間のいずれで使われることとなるかにかかわらず、実用品（応用美術）として、その著作物性の判断がなされるのではないか」と指摘されており、**2**で述べたリアルの実用品のデザインに関する応用美術の議論と一貫させる姿勢が提示されています【26】。一方で、バーチャル空間上の実用品のデザインを創作する場合については、著作物性が肯定されやすいとする指摘も学説上見られます【27】。

この点に関しては、応用美術に関する従来の議論のほか、そもそも何が応用美術の規律に服するべきか、という点も問題となりそうですし、また、現在の応用美術の取扱いを支持する限り、リアルの実用品に権利を及ぼすべきではないと思われる一方、そのためにバーチャル

【26】「論点の整理」10頁。学説上も、駒田・前掲注１）26頁、田村・前掲注１）113-114頁。なお、「論点の整理」同頁では、「仮想空間における「実用品」のデザインは、物理的世界の下での機能的制約を受けない中でより自由度が高く、現実空間における実用品としては成立し得ないデザイン等も可能となるところ、このようなものについては、創作的な表現として著作物性を認められることとなりやすいのではないか」として、そもそも保護が問題となるような実用品のデザインはあまり生じないのではないかということも指摘されています。

【27】岡本・前掲注１）35頁、桑野・前掲注１）４頁、小塚ほか・前掲注１）65頁［上野達弘発言］、中崎・前掲注１）「新たなカタチのコンテンツと知財」74頁等。その理由としては、リアルにおいて実用品のデザインの保護を否定すべき理由がバーチャルにあっては必ずしもストレートに当てはまらないと考えられたものと思われます。詳細は、青木大也「メタバース内でアバターが使用する仮想の物の生成と著作権法」著作権研究49号掲載予定（2024）を参照。

オブジェクトの著作物性を否定すれば、類似のバーチャルオブジェクトにも権利を及ぼすことができなくなる点を是とするか（ここでは、Ⅳで後述する不正競争防止法２条１項３号に定めるデッドコピー規制との関係も注目されます）、という問題にも絡むように思われます。

5．バーチャル空間上での著作物の取扱い②—リアルとバーチャルでの権利やその制限の違い

バーチャル空間において無断で著作物が利用される場合、当該著作物に関しては、サーバーへの複製につき複製権侵害、また公衆（他のユーザー）への送信を捉えて公衆送信権侵害（送信可能化を含みます）が生じる場面が多いと思われます【28】。

この点、たとえば音楽の著作物をライブ演奏する場合、リアルであれば、演奏権の対象となるとともに、非営利・非対価・無報酬の各要件を充足することで、著作権法38条１項の適用を受け、適法に演奏することも可能です。しかし、バーチャル空間上でのライブは、上述のとおり音楽の著作物に係る公衆送信と整理されることから、公衆送信を対象としない同項の適用は困難となるでしょう【29】。

また、**3**で先述した著作権法46条の適用を見ても、少なくとも美術の著作物に関する限り【30】、原作品要件や、バーチャル空間上での「屋外の場所」、「恒常的に設置」要件の充足は難しいものとなりそうで

【28】 他方、一人閉じたバーチャル空間上で著作物を利用する行為は、複製については私的複製の範囲として（30条１項）、公衆送信については「公衆」（２条５項、通常は不特定または多数の者と解釈されています）への送信ではないことを以て、いずれも著作権侵害に当たらないと考える余地があるでしょう。駒田・前掲注１）28-29頁を参照。

【29】 関・前掲注１）「第２回」32頁、上野・前掲注１）11頁。この点、駒田・前掲注１）29頁では、一定の範囲で同項の類推適用の余地が指摘されています。

【30】 建築の著作物にあっては、そもそもバーチャル空間上の建築物を模したものは建築の著作物に該当しないのではないかという問題が生じる余地もあります。中崎尚「バーチャルワールド（仮想世界・仮想空間）における法的問題点＜２＞—各論Ⅰ知的財産権：アバターや3D空間であるがゆえに生じる問題」NBL928号（2010）52頁、関・前掲注１）「第３回」59頁（ただし、同注16も参照）等を参照。

す【31】。したがって、同条によってリアルでは可能な街なかでの美術の著作物の撮影との関係で、それに相当するバーチャル空間におけるスクリーンショットは許されない、ということも生じうることになるでしょう。

これらに限らず、著作物を利用する側にあっては、リアルとバーチャル空間で帰結が異なる場合が生じうることに留意する必要があります。

6．バーチャル空間上での著作物の取扱い③—著作者人格権に関して

ところで、バーチャルオブジェクトが著作物であるとすると、著作権のほかに著作者人格権も生じます（17条1項）。特に問題となりやすいであろう同一性保持権との関係では、同一性保持権が著作者の意に反する著作物の改変を規制するものであるところ（20条1項）、バーチャル空間における多様な著作物の利用形態が、著作物の改変と評価され、同一性保持権侵害になりかねないことが指摘されています。たとえば、リアルの著作物のバーチャルオブジェクトを創作する際に改変が生じ得ることや【32】、いわゆるARにおいて、リアルの著作物についてバーチャル空間上で何かを重ねて表示する際に改変が生じうること【33】等について議論があります。

さしあたり一点、バーチャル空間に限った単純な例として、保存されたデータそのものには改変を加えず、しかし複数のバーチャルオブジェクトが重複しないように半透明にするなどの表示の調整をしても、同一性保持権の問題が生じうることになります。この点については、SNS上での写真のトリミング表示について（写真のデータそのものへの改変はないにもかかわらず）同一性保持権侵害を肯定した裁判例【34】が存在しており、著作物の改変に該当しうることが窺えます。

【31】　関・前掲注1）「第3回」59頁参照。
【32】　関・前掲注1）『XR・メタバースの知財法務』99頁以下。
【33】　関・前掲注1）『XR・メタバースの知財法務』126頁以下。

ただし、イラストをSNSに掲載した際に生じたトリミング表示について、さまざまな事情から、「やむを得ないと認められる改変」（20条２項４号）に該当するとして、同一性保持権侵害を否定した近時の裁判例もあります[35]。同様の議論が上記のバーチャル空間における事態と通底するところがあるとすれば、仮に著作物の改変にあたるとしても、同じく「やむを得ないと認められる改変」として適法となる余地があるのかもしれません。

7．バーチャル空間上での著作物の取扱い④—そのほかの点

ここまで述べてきたように、バーチャル空間上のデジタルオブジェクトについては、著作権法による保護がある程度見込まれるところ、それに関連して、ほかにも多数の問題が考えられます。以下ごく簡単にいくつか指摘したいと思います。

まず、バーチャルオブジェクトが創作された場合の著作者（２条１項２号）が誰であるかという、権利の主体の問題が生じえます。もちろん、あるバーチャル空間をプロデュースするプラットフォーム企業があり、その従業員が創作したものであるなどといった場合はあまり問題が生じませんが（15条１項・２項）、いわゆるUGCに相当するような、さまざまな参加者がさまざまな態様で関与しながら生み出される著作物の取扱いについては、（従来もSNSや動画共有サイトで見られることではありますが）その著作者の特定は容易ではないだろうと思われます。さらには、それらの利活用をめぐって、許諾を得やすい環境を整えることも重要となるでしょう[36]。

また、バーチャル空間を管理する主体が想定されるような場合には、

【34】　知財高判平成30年４月25日判時 2382号24頁［Twitterリツイート］。また、知財高判令和３年５月31日令和２年（ネ）10010号等［Twitterプロフィール］も参照。

【35】　知財高判令和４年10月19日令和４年（ネ）10019号［トレパク］。ただし、前掲注34）［Twitterプロフィール］も参照。

【36】　これらの点については、「論点の整理」22-24頁参照。

当該バーチャル空間上で生じた著作権侵害の責任の所在をめぐる議論も生じうるように思われます。この点についても、従来の侵害主体論の議論【37】や、プロバイダ責任制限法の議論【38】が活かせるものと思われます。

加えて、バーチャルオブジェクトは、バーチャル空間において取引されることも想定されます（こと、いわゆるメタバースを念頭に置くと、このような要素が注目されるものと思われます）。当該バーチャルオブジェクトに著作物性があり、利用許諾（ライセンス）を受けた上で利用されている場合には、利用許諾を受けた本人については当該バーチャルオブジェクトを利用することができるものの、それを「譲り受けた」者は、当該バーチャルオブジェクトを利用することができるかが問題となりえます。この点については、プラットフォームの利用規約ないしライセンス契約に係る問題と整理することで【39】、相当程度対応できる問題と考えられそうです。一方で、特にプラットフォームをまたぐ場合等、利用許諾の仕組みでは説明しにくい場面があるとすれば、いわゆる「消尽」【40】の成否も議論されうるのかもしれません【41】。

【37】 判例として、最判平成23年１月20日民集65巻１号399頁［ロクラクⅡ］や最判令和４年10月24日令和３年（受）1112号［音楽教室］を参照。なお公衆送信権侵害にあっては最判平成23年１月18日民集65巻１号121頁［まねきTV］も参考になるでしょう。

【38】 「論点の整理」22頁、上野・前掲注１）11頁参照。なお、プロバイダ責任制限法は、令和６年改正により、その通称が「情報流通プラットホーム対処法」（情プラ法）に変更され、公布日（同年５月17日）から起算して１年を超えない範囲内において政令で定める日から施行される予定です。

【39】 「論点の整理」24-27頁、関・前掲注１）『XR・メタバースの知財法務』212-213頁。またNFTとの関連で、井上乾介＝福井佑理＝角田匠吾＝鈴川大路「NFTと著作権法」NBL 1207号（2021）98頁、谷川和幸「NFTを活用した仮想オブジェクト等の取引と著作権法」法学教室515号（2023）35-36頁、中崎・前掲注１）「新たなカタチのコンテンツと知財」70頁も参照。

【40】 著作権法における消尽については、著作権研究45号（2019）所収の各論文も参照。

【41】 バーチャルオブジェクトとの関係で、関・前掲注１）『XR・メタバースの知財法務』208-212頁参照。

Ⅳ. バーチャル空間と不正競争防止法上のデッドコピー規制

ここまで、意匠法、著作権法における取扱いを概観してきましたが、それらとは別に、不正競争防止法上のデッドコピー規制（不正競争防止法２条１項３号）による保護も考えられます。デッドコピー規制は、商品の形態に係る模倣を規制することで商品化投資を保護し、公正な競争秩序を維持するためのものであり【42】、当該商品の日本国内での販売開始から３年間（19条１項６号イ）、当該商品の形態を模倣した商品の譲渡等を規制することができる制度です。意匠法のように出願等の手続きは不要ですが、上記の期間制限や、模倣商品の譲渡等のみが規制の対象となっていることに留意する必要があります。また、著作権法と異なり、実用品であっても（当該商品の機能を確保するために不可欠な形態は除かれますが―２条１項３号カッコ書き参照）保護の対象となることから、その点でもアドバンテージがあるといえそうです。

バーチャル空間との関係では、ここでいう商品に無体物が含まれるのか【43】、含まれるとして、バーチャルオブジェクトのバーチャル空間上での提供を「譲渡」等といった文言で捉えることができるか【44】、といった点が問題となっていました。

しかしこの点に関して、デジタル技術の発展、デジタル空間の活用が進んでいることに鑑み、デジタル上の商品を模倣したデジタル上の

【42】 経済産業省知的財産政策室編『逐条解説不正競争防止法（第３版）』（商事法務、2024）88頁参照。

【43】 記事タイトルに関して商品（の形態）該当性を否定するものとして知財高判平成17年10月６日平成17年（ネ）10049号［ヨミウリ・オンライン］、ソフトウェア画像に関してこれを肯定するものとして東京地判平成30年８月17日平成29年（ワ）21145号［ロイロノートスクール］参照。

【44】 ダウンロード形式での提供が「譲渡」に該当する等の可能性を指摘するものとして、関・前掲注１）「第２回」28頁参照。

商品や、現実世界の商品のデザインを模倣したデジタル上の商品の提供行為も、デッドコピー規制の対象とすべきであるとされ、令和５年改正により、２条１項３号の規制対象行為に「電気通信回線を通じて提供」する行為が追加されるとともに、解釈上、「商品」に無体物が含まれるよう整理されました【45】。また上記の説明にあるように、その規制類型として、デジタル（バーチャル・バーチャル）の商品形態同士の模倣だけでなく、フィジカル・デジタル（リアル・バーチャル）の交錯する模倣事例についてもその対象とすることが念頭に置かれています。これによって、たとえば、バーチャル空間上のペンのデザインを模倣したバーチャル空間上のペンを販売する行為や、リアルのペンのデザインを模倣したバーチャル空間上のペンのデザインをバーチャル空間上で販売する行為も規制の対象となることになります。

この改正規定の運用如何についてはこれからの議論となるため、詳論は控えますが、さしあたりいくつか悩ましい点を指摘したいと思います。

まず、商品の形態（２条４項）として、何を念頭に置くべきでしょうか。バーチャル空間上の椅子や什器のデザイン等、一つ一つのバーチャルオブジェクトそれ自体が取引されるようであればそれを基準とすることが考えられますが、たとえば街並みのデータ一式が取引される場合、それに含まれる各々のオブジェクトに係るクリアランスもする必要が生じるのか、検討の余地があるように思われます【46】。

また、同号にいう模倣が認められるには、両商品の形態の間に実質的同一性が肯定される必要があります（２条５項）。特に上記交錯事例に関して模倣を認めるには、リアルの商品の形態とバーチャルの商

【45】　産業構造審議会知的財産分科会不正競争防止小委員会「デジタル化に伴うビジネスの多様化を踏まえた不正競争防止法の在り方」（2023年３月）7-10頁、黒川直毅ほか「令和５年不正競争防止法改正の概要」NBL 2350号（2023）22-23頁参照。

【46】　この点について、たとえば田村・前掲注１）122-123頁では、「個別の商品の形態のデータのみを取り出して利用することが困難であれば、システムが販売されていることのみをもって、取引しうる単体としての商品をも販売していると評価できないと解すればよい」と指摘されています。

品の形態とが実質的に同一のものであることが必要となりますが、その判断もさまざまな議論を呼ぶように思われます【47】。

そのほか、電気通信回線を通じて提供したといえるのはどのような場合か、営業上の利益の侵害（のおそれ）が認められるか（３条、４条）、といった、さまざまな論点が想定されます。

以上見てきたように、デッドコピー規制は、令和５年改正を経て、特に意匠法や著作権法で扱うのが難しい、リアルの実用品のデザインがバーチャル空間上のバーチャルオブジェクトにおいて模倣された場合にも、活用が期待される制度といえそうですが、上述のとおり、解釈上のさまざまな検討事項が存在することも事実であり、今後の議論の推移を見守る必要があります。

V．おわりに

本節では簡単に、バーチャル空間におけるバーチャルオブジェクトの活用に関し、意匠法、著作権法、不正競争防止法上のデッドコピー規制に係る取扱いについて、日本の現行法におけるものを中心に述べてきました。もっとも、技術においても、法においても、変化の激しい状況にあり、また仮に現実世界をほぼそのまま再現できるようなバーチャル空間が登場した場合には、各法につきより大きな変化を求める声が生まれるかもしれません。そして、当然ながら、バーチャル空間は国境を越えて展開されることが予想されることから、準拠法等

【47】　麻生典「デジタル空間における形態模倣行為の防止」ジュリスト1590号（2023）41-43頁、経済産業省知的財産政策室編・前掲注42）43頁、駒田泰土「NFT商品と不正競争防止法２条１項３号」高林龍＝三村量一＝上野達弘編『年報知的財産法2023-2024』（日本評論社、2023）4-7頁、関・前掲注１）「メタバースにおけるオブジェクトのデザイン保護と創作活動への影響」40頁以下、同「令和５年不競法改正とコンテンツの保護―商品形態模倣と著作権法の関係も踏まえて」コピライト775号（2024）23頁、田村・前掲注１）118-122頁、東崎賢治「メタバースと商品形態の保護―改正不正競争防止法２条１項３号の観点から」清水節先生古稀記念論文集『多様化する知的財産権訴訟の未来へ』（日本加除出版、2023）912-915頁等を参照。

と共に、各国法の動きにも留意する必要があるでしょう。引き続き、いずれの面からも目の離せない話題だと思われます。

【付記】本稿は、JSPS科研費22H00799、23K01214の助成を受けたものです。

（原稿受領日：2023年12月28日）

【第２節】

バーチャル空間における商標の保護

福岡大学 法学部　講師　平澤　卓人

Ⅰ．問題の所在[1]

VRは、現実の情報を遮断し、バーチャルな世界にユーザーが没入するという特徴があります。このVR空間のうち、特にメタバースと呼ばれるものにおいては、ユーザーがアバターを使用することで現実世界と類似する活動が行われています。実際に、アバター用のファッションアイテムがNFTなどの形式で販売されており、商標権に関する紛争も発生し始めています[2]。

他方で、AR（拡張現実）は、現実世界とバーチャル世界の双方の情報が利用される点に特徴があります。そのため、ARでは、現実の商標に広告映像が結び付けられたり、現実の商品に商標の映像が結び付けられたりする形での紛争が想定されます[3]。

そこで、以下では、VRやARで考えられる商標法、不正競争防止法２条１項１号・２号の問題について検討します。

【1】 本稿は、平澤卓人「VR・ARにおける商標の保護」田村善之還暦記念論文集『知的財産法政策学の旅』125頁（弘文堂、2023）をもとに、新たな情報を追加し加筆修正をしたものです。

【2】 グリー株式会社コーポレート本部法務知財部編『ビジネスのためのメタバース入門』103頁（商事法務、2023）。

【3】 VR、ARの定義については、平澤・前掲注１）125-126頁に引用した文献を参照。

Ⅱ．VRと商標

1．VR空間の描写における商標の使用

まず、VR空間の描写における商標の使用についてです。デジタルツインのように、現実世界を再現してVR空間を構築する場合、現実世界の看板など商標権が取得された表示を再現することは可能なのでしょうか。

VR空間において標章を用いることは、商標法２条３項７号の「電磁的方法…により行う映像面を介した役務の提供に当たりその映像面に標章を表示して役務を提供する行為」に該当すると考えられます。

もっとも、被疑侵害者の表示の使用が、商標としての使用（商標的使用）ではない場合には商標権侵害が否定されます（商標法26条１項６号）。

裁判例では、当該標章がＴシャツのデザインの背景に利用されていた事案において、商標的使用に該当しないとして侵害を否定したものがあります（東京地判平成22年９月30日判時2109号129頁［ピースマーク］）。また、当該標章が特定のキャラクター（ミニオン）に関連した語やフレーズとして認識されるとして、商標的使用を否定したものもあります（大阪地判平成30年11月５日判時2422号95頁［BELLO］）。

これに対し、衣服のデザインとしての利用であっても、Ｔシャツの前面に当該標章を大きく描くなど、商品・役務の出所を表示するものとして使用している場合には商標的使用が肯定されます（東京地判令和５年９月29日令和３年（ワ）10991号［Ｔシャツイラスト］）。

そして、インターネットのウェブサイトにおける標章の使用も、原則としては商標的使用が肯定されています（東京地判平成27年９月10日平成26年（ワ）29617号［TKD］）。また、ゲームの画像中の使用でも出所識別機能があると見られるものについては、商標的使用が肯定されています（大阪地判平成16年１月15日平成14年（ワ）1919号他［ク

レイジーレーサーR中間判決］）。

これらの点からすると、現実世界をVR空間上で描き出す際に、現実世界に存在する看板・企業名などの商標や表示を再現する場合は商標的使用が否定されると考えられます[4]。また、厳密には現実世界の再現ではない場合でも、VR空間における他の表現に埋没して商品・役務の出所表示としての機能を失っているのであれば、同様に考えてよいでしょう[5]。他方で、当該VR空間において、他人の商標を大々的に描き出し、当該VR空間の提供主体と関係があると誤信させるような場合には商標的使用が認められると考えられます。

不正競争防止法２条１項１号および２号についても、被疑侵害者が当該表示を出所を示す「商品等表示」として使用していない場合には侵害が否定されていますので、同様に考えられます。

２．VRにおける（仮想）商品・役務の提供

（１）総　論

次に、VR空間において使用するための商品（仮想商品）、VR空間で提供される役務に用いる表示について、商標法および不正競争防止法の適用について検討してみます。

【4】　上野達弘「メタバースをめぐる知的財産法上の課題」Nextcom 52号７頁（2022）、麻生典「仮想空間における仮想オブジェクトの保護」Japio YEAR BOOK 2023 48頁（2023）。出所表示として認識される場合でも商標機能論により侵害を否定する可能性を論じるものとして、蘆立順美「現実世界をメタバース内に再現する際の諸課題」法教515号13頁（2023）。

【5】　米国では、映像ゲームについての判断例が蓄積されています。詳細は、平澤・前掲注１）127-128頁。

（2）商標法

①　商標登録の場面

ア　「商品」「役務」に該当するか

まず、VR空間における商品・役務に使用する商標の商標登録場面から検討します。

商標法においては、「商標」に該当するために「商品」または「役務」に使用するものであることが必要とされます（商標法２条１項１号および２号）。この点について、特許庁は、電子情報財についても、ダウンロード可能であれば「商品」と扱うとしており、無体物も「商品」に該当しうるとしています【6】。

いずれにしても、VR空間で使用する商品や役務についても、その品質を観念できるとすれば、その出所を区別して需要者の混同を防ぐ必要があることに変わりはなく、「商品」「役務」に該当しないと扱うべきではありません【7】。

また、仮想商品が仮想通貨やポイントで決済されて現実世界の通貨に換金不能であるとしても、需要者が商品・役務の出所を識別する必要があることに変わりはありませんので、このことを理由に「商品」「役務」に該当しないとは解されません【8】。

イ　指定商品・指定役務

次に問題となるのが、指定商品・指定役務です。

【6】　特許庁編『工業所有権法（産業財産権法）逐条解説（第22版）』1535-1536頁（発明推進協会、2022）。

【7】　仮想商品についても、その品質や出所が問題となることにつき、Mark A. Lemley & Mark McKenna, *Irrelevant Confusion*, 62 Stan. L. Rev. 413, 438-439 (2010).

【8】　「商品」「役務」に該当しない可能性を指摘するものとして、中崎尚「バーチャルワールド（仮想世界・仮想空間）における法的問題点〈２〉」NBL928号48頁（2010）。

日本では、2024年３月に「仮想空間及び非代替性トークン（NFT）に関する指定商品・指定役務のガイドライン」（特許庁審査業務部商標課）が公表されました。

実際の例をみると、仮想商品がダウンロード可能なプログラムや画像ファイルで構成されている場合には、第９類で登録されたものがあります（「…オンライン上の仮想世界で使用する飲料・食品・サプリメント・バッグ・飲料用品…その他の小売品の性質を有するダウンロード可能な仮想商品を内容とするコンピュータプログラム…」（登録第6753717号）、「仮想商品すなわちオンライン上の仮想世界及びオンライン上で使用する履物・運動用特殊靴・被服・運動用特殊衣服・かばん類・袋物を特徴とするインターネットを利用して受信し及び保存することができる画像ファイル…」（登録第6671025号）。

また、仮想空間で提供する役務、ダウンロードできない映像の提供等に関しては、第35類、第41類での登録があります（「仮想商品すなわちオンライン上の仮想世界及びオンライン上で使用する履物・運動用特殊靴・被服・運動用特殊衣服・かばん類・袋物を特徴とするインターネットを利用して受信し及び保存することができる画像ファイルの小売又は卸売の業務において行われる顧客に対する便益の提供…」（第35類、登録第6671025号）、「仮想空間で使用するダウンロードできない仮想の履物・運動用特殊靴・被服・帽子・眼鏡・バッグ…の映像及び画像の提供…」（第41類、登録第6724266号））。

これらの指定商品・指定役務で登録した場合、同一の商品・役務について登録商標を使用していなければ、不使用取消を免れません（商標法50条）。現実世界の対応する商品に使用しているだけでは、仮想商品に当該商標を使用していることにはなりません（「新聞」を指定商品とする場合、電子版での使用では不使用取消を免れないとした知財高判令和３年１月26日令和２年（行ケ）10095号［滋賀新聞］）【9】。

次に、どのような商品・役務が、類似する商品・役務となるかが重要です。類似する商品・役務であれば、先行する類似の登録商標があることを根拠に出願が拒絶されます（商標法４条１項11号）。この点に関して、韓国特許庁は、現実世界の商品とVR空間の商品は類似せず、VR空間の商品でも仮想衣類と仮想履物は類似しない扱いとする旨を発表しています[10]。

まず、現実世界の商品と対応する仮想商品が類似するかを検討します。

日本における商品・役務の類似性の判断のリーディングケースとなっているのは、最判昭和36年６月27日民集15巻６号1730頁［橘正宗］です。同判決は、「それらの商品が通常同一営業主により製造又は販売されている等の事情により、それらの商品に同一又は類似の商標を使用するときは同一営業主の製造又は販売にかかる商品と誤認される虞があると認められる関係にある」かによって判断するとしています。

現状では、現実世界の商品と仮想商品では用途や機能が異なるとして、両者は類似しないとするものが多数説です[11]。しかし、メタバースではアバターを通じることで現実世界のように仮想商品を使用して社会活動を行うことが可能となってきています。そして、現実の商品を扱う企業が同種の仮想商品を提供し始めており、このような仮想商品は現実の商品の対応物としてユーザーや第三者から

【9】　メタバース上のコンテンツ等をめぐる新たな法的課題への対応に関する官民連携会議「メタバース上のコンテンツ等をめぐる新たな法的課題等に関する論点の整理」14頁（2023年５月）（https://www.kantei.go.jp/jp/singi/titeki2/metaverse/pdf/ronten_seiri.pdf（2024年４月７日確認））。

【10】　JETRO「韓国特許庁、仮想商品の認定範囲および類否判断に関する指針を作成・施行」2022年７月13日（https://www.jetro.go.jp/world/asia/kr/ip/ipnews/2022/220713.html, 2023年12月23日確認）。

【11】　酒井麻千子「メタバース上でのコンテンツ流通と知的財産法」法セ817号50頁（2023）、蘆立・前掲注４）14頁。将来的に商品・役務が類似する可能性を認めるものとして、関真也『XR・メタバースの知財法務』33-35頁（中央経済社、2022）、麻生・前掲注４）47頁、青木大也「現実世界のデザインとメタバース内のアイテム」法教515号19頁（2023）。

認識されるものとなります。そうすると、ユーザーが仮想商品の品質として認識したものを現実の商品の品質に結び付けて認識することも十分に考えられます。そうだとすれば、現実の商品と仮想商品について別の事業者が類似する商標に信用を蓄積させることは望ましくありません。以上から、現実世界における登録商標の指定商品と同一のVR空間における仮想商品については商品・役務の類似性を認めるべきと考えます【12】。

なお、仮に、商品・役務が類似しないとしても、現実世界で周知の商標と類似する商標で、周知商標の指定商品・役務に対応するVR空間の商品等を指定商品・役務として出願する場合には、商標法4条1項15号により登録が拒絶されると考えられます（引用商標が著名な場合に引用商標の指定商品と関連性が高くない商品を指定商品とする商標について4条1項15号の適用を認めたものとして、知財高判令和5年7月19日令和4年(行ケ)10035号［GUZZILLA］)。

次に、仮想商品と他の仮想商品とが類似するかも問題となります。現在の特許庁の扱いでは、仮想商品を表示するためのコンピュータ・プログラムであれば内容に関係なく類似する商品と扱われることになります（特許庁「類似商品・役務審査基準〔国際分類第12-2024版対応〕」参照)。しかし、仮想商品の内容が大きく異なるような場合には、非類似の商品として扱う可能性も議論されています【13】。このような理解に立つと、すでに別の仮想商品を表示するためのコンピュータ・プログラムを指定商品とする商標登録がある場合でも、類似しない仮想商品を表示するためのコンピュータ・プログラムを指定商品とすることで商標登録が可能となりえます。

【12】　本稿の見解に対し、将来の展開が予測不能である以上、市場が変化するまでは類似と扱うべきでないとするものとして、田村善之＝青木博通＝青木大也＝関真也＝中川隆太郎＝平澤卓人＝山本真祐子「デジタルファッションと知的財産（7・完）」有斐閣Onlineジャーナル〔田村善之発言〕(2023)。

【13】　この点を示唆するものとして、青木博通「インターネット、メタバースと商標」パテント76巻2号15-16頁（2023)、田村ほか・前掲注12)〔田村善之発言〕。

②　商標権侵害の場面

ア　「商品」「役務」に該当するか

商標権侵害の場面においても、被疑侵害者が無体物について他人の商標を利用すれば出所の混同のおそれは生じるので、無体物であることを理由に「商品」「役務」に使用していないとは解されません。また、仮想商品の決済手段が仮想通貨やポイントであることは問題とならないと考えられます。

イ　商品・役務の類似性

商標権侵害の場面でも、商品・役務の類似性は、商品・役務自体を取り違えるかどうかではなく、類似の商標を付した場合に出所の混同を引き起こすほど似ているか否かによって判断されています。

前述のように、仮想商品が現実の商品に対応するものと認識されうることからすると、登録商標の指定商品に対応する仮想商品の場合について、商品・役務が類似する可能性はあると考えられます。

ウ　商標の使用

標章の電磁的な情報を、当該プログラム起動時や作業時のインターフェースに表示されるよう組み込む行為も商品に「標章を付」す行為と解されています[14]。そうすると、VR空間で仮想商品を販売するような行為も、商標法２条３項２号や同８号に該当する可能性があります[15]。また、VR空間において商品や役務を識別するために商標が使用されていれば商標的使用であると考えられます。

なお、自己のアバターに使用するためユーザーが商標を用いた仮想衣服を作成し着用する行為は、商品または役務を提供するもので

【14】　特許庁編・前掲注６）1532頁。
【15】　中崎尚「メタバースにおける権利侵害・トラブル」法教515号31頁（2023）。

はなく直ちには商標の「使用」に該当しませんが【16】、その衣服を着用してVR空間において何らかの商品・役務を提供する場合には２条３項７号に該当する可能性もありそうです。

③　小　括

以上のとおり、仮想商品・役務については、商標登録、商標権侵害いずれの場面においても商品・役務の類似性をどのように解するのかが重要です。仮にこの点が肯定されるとすると、類似する商標が付されている限り、現実の商品を指定商品とする商標権に基づき、当該現実の商品に対応する仮想商品（たとえば、被服に対して仮想被服）への権利行使が容易になると考えられます。

（3）不正競争防止法

次に、仮想商品・役務の提供について不正競争防止法２条１項１号・２号が適用できるか検討します。まず、東京高決平成５年12月24日判時1505号136頁［リュウミンL-KL］は、「無体物であっても、その経済的な価値が社会的に承認され、独立して取引の対象とされている場合」に、不正競争防止法２条１項（当時は１条１項）の適用が可能であるとしています。

また、VR空間での表示であっても「商品等表示」に該当する場合があります（ゲームの映像について、東京地判昭和57年９月27日無体集14巻３号593頁［ファイテイング・ミサイル］）。

問題は、不正競争防止法２条１項１号においては混同のおそれがあることが要件となるところ、現実世界における商品・役務とVR空間における商品・役務について混同のおそれが認められるかという点です。

混同のおそれには、親子会社、系列会社の関係など緊密な営業上の

【16】「業として」（商標法２条１項１号）の要件を否定するものとして、中崎・前掲注８）48頁。

関係があると誤信させる場合（いわゆる広義の混同）が含まれるとされています（最判昭和58年10月７日民集37巻８号1082頁［日本ウーマン・パワー］）。もっとも、裁判例では、玩具銃の販売にあたり実銃メーカーの許諾を得る慣行が確立しているとはいえないとして、玩具銃について実銃の提供主体との広義の混同のおそれを否定したものもあります（東京高判平成15年10月29日平成12年（ネ）3780号等［BERETTA Ⅰ］[17]）。

ここでは、いわゆる広義の混同がどこまでの範囲を含むのかが問題となります。学説では、被疑侵害者の商品・役務の品質を表示する主体が管理しているとの誤信が生じるのであれば、需要者が被疑侵害者の提供する商品・役務の品質を表示主体に結び付けることになるため、不正競争防止法２条１項１号の適用の対象としてよいとする見解が有力です[18]。仮に、VR空間において類似する周知商標が付された商品（例：自動車）が提供され、これをユーザーが使用したところ、その操作性やVR空間における速度等の問題があった場合、ユーザーが現実世界の商品提供主体が何らかの形でその品質管理に関与していると考え、現実世界の商品提供主体に結び付けて考えることは起こりうると考えられます。

実際に、このような広義のおそれがあるか否かは、原告標章の独創性、表示の類似性の程度に加えて、仮想商品の需要者における原告標章の認知度、当該業界において現実世界における商品・役務の提供主体のうちVR空間において対応する仮想商品を提供している主体の占

【17】　ただし、同判決は、日本でけん銃の市場がほとんど存在せず、実銃と玩具銃の需要者が異なることも指摘しています。

【18】　才原慶道［判批］知的財産法政策学研究12号315-316頁（2006）、茶園成樹「混同要件」高林龍他編集代表『現代知的財産法講座Ⅰ　知的財産法の理論的探究』421頁（2012）、上野達弘「混同の意味」パテント65巻13号24-25頁（2012）。

【19】　欧州の商標指令における混同のおそれの解釈を論じるものであるが、Anke Moerland, *New Trade Mark Uses in the Fourth Industrial Revolution: Virtual and Augmented Realities, in* Intellectual Property Law And The Fourth Industrial Revolution 163, 186 (C. Heath, et. ed., 2020).

める割合（あるいは逆の割合）、VR空間の現実感や需要者の認識などを考慮して判断されるものと考えられます[19]。

加えて、VR空間で著名標章の類似する表示が使用された場合にも、当該著名標章と権利者の対応関係が弱まることは十分考えられますので、不正競争防止法２条１項２号の請求を認めることに問題はありません。

Ⅲ．ARにおける商標の使用

1．他人の商標をARマーカーとして広告を表示する場合

まず、他人の商標をARマーカーとして、自社商品の広告映像をARコンテンツとして登録し、ユーザーの端末が他人の商標を認識した場合に自社の広告映像を表示させる行為について検討します。

広告に他人の商標を用いる場合には、商標法２条３項８号の適用が問題となりますが、上記の行為については他人の標章はすでに存在しており、新たに付されたものではないため、「標章を付」しているのかという問題があります。

この点について、特定の標章を認識した時に、これに対応する特定の広告映像が再生されるよう登録する行為をもって「標章を付」すと評価するものがあります[20]。たしかに、前述のように、標章の電磁的な情報を、画面上に表示されるよう組み込む行為も「標章を付」すと解されています。

もっとも、当該標章が商品・役務の出所を表示するものとして使用されていない場合には、商標的使用ではないものとして商標権侵害が

【20】　関真也「AR領域における商標の使用」日本知財学会誌14巻３号34頁（2018）。

【21】　ARによる広告表示について、出所表示機能への影響は少ないとしつつ、商標権者による情報提供を需要者が見ることを妨げる場合に、商標の広告機能に影響を与えることを指摘するものとして、Moerland, *supra* note 19, at 176-178.

否定されます。

仮に、商標によって広告映像が表示されるとしても、当該広告が商標の示す商品・役務の出所とは別のものであると需要者に認識されるのであれば、商標の出所表示機能が害されることはないので[21]、商標としての使用（商標的使用）がなされていないと考えられます（葬儀社の情報を提供するウェブサイトにおいて、葬儀社である原告の標章をタイトルタグやメタタグとして使用したことについて、商標法26条1項6号を適用して侵害を否定した大阪地判令和4年9月12日判時2563号46頁［セレモニートーリン］）。

これに対し、ARマーカーたる他人の商標と一体化された自社の広告映像が表示され、これによりARマーカーたる商標の権利者と同一の出所であると誤信させたまま、自社の商品を購入させるものとなっているような場合には、出所表示機能を害するものとして商標権侵害を肯定すべきと考えられます。

2．自己の商品に他人の商標をARで表示させる場合

次に、自己が製造・販売する商品について、ユーザーが端末を向けると他社の商標がARコンテンツとして表示される場合を検討します。

前述したように、標章の電磁的な情報を、当該プログラム起動時や作業時のインターフェースに表示されるよう組み込む行為も、「標章を付」す行為と解されていることからすると、この場合も商品に「標章を付」す行為があるといえます[22]。しかも、新たに標章を表示させ、需要者に対し標章を認識させているものであるから、前述**1**のような問題もありません。需要者としても、当該商品を、表示された商標の商標権者による商品と認識するおそれは高いと思います。したがって、

【22】 関・前掲注20）30-31頁。

原則として商標法２条３項１号・２号の「使用」に該当し、商標的使用にも該当すると考えられます。

他方で、ARで他人の商標を用いたとしても、店舗への道案内を行うARにおいて店舗名称を記載する場合や比較広告をする場合等、商品・役務の出所を表示するものではないものであれば商標的使用には該当しません（比較広告としての使用について商標的使用を否定した東京地判平成20年12月26日判時2032号11頁［黒烏龍茶］、口コミを投稿するウェブサイトへの使用について商品等表示としての使用ではないとした札幌地判平成26年９月４日平成25年（ワ）886号［食べログ］）【23】。

3．位置情報を利用したARによる広告表示

このほか、位置情報を利用し、店舗その他の所定の場所に入ったことをトリガーとして広告を表示させる行為が議論されています【24】。この場合は、他人の商標を用いていないため商標権侵害とはなりませんが、これにより代替的な商品の購入の選択肢を示すことを超えて、店舗の運営者との取引を妨害するような場合には、不法行為や独占禁止法の問題が発生しうると考えられます。

Ⅳ．おわりに

以上、簡単ですがVR・ARについて考えられる標識法の論点について検討を行いました。これら以外にも、ユーザーの行為についての

【23】　松永彰吾「ARアプリケーションコンテンツに生じている商標権および著作権侵害について」日本知財学会誌15巻３号25頁（2019）。

【24】　関・前掲注20）34頁。

【25】　この点を含めて商標法上の多くの論点を論じるものとして、星野光秀「VR、ARの商標法上の取扱い―欧州、米国及び我が国の状況の考察」パテント76巻５号87頁（2023）。

プラットフォーム事業者の責任[25]、国際裁判管轄や準拠法の論点も考えられますが、今後の検討課題としたいと思います。

【付記】本稿はJSPS科研費JP18H05216、JSTムーンショット型研究開発事業、JPMJMS2215の助成を受けたものです。

（原稿受領日：2023年12月24日）

第３章
バーチャル空間における取引と契約

【第１節】
メタバース／Web３時代のクリエイターエコノミーとは

株式会社Minto　代表取締役　水野　和寛

Ⅰ．Web３時代のクリエイターコンテンツは「所有」がキーワードに

2010年代から約10年間で、個人として活動するクリエイターの数が大幅に増えました。背景にあるのは、X（旧Twitter）、Instagram、YouTube等のSNSと、スマートフォンが普及したことです。多くの人がSNSやスマートフォンを通じて簡単にコンテンツを楽しめる時代になったことで、SNSを通じて個人の作品やコンテンツを公開するクリエイターが急増したのです。

X（旧Twitter）上ではSNSを通じて漫画を投稿するクリエイター、Instagramでは写真やイラストを投稿するクリエイター、YouTubeやTikTokでは動画コンテンツを配信するクリエイターが増え、新しい職業として徐々に確立されてきています。まさに、この10年はSNSの時代であり、SNS時代はWeb２の時代でした。「ちいかわ（ナガノ）」や「100日後に死ぬワニ（きくちゆうき）」のようにX（旧Twitter）発でキャラクターの人気が出て書籍化・商品化されるなどのケースが生み出されました。

改めて、Web１、２、そして３の概念とその変遷を説明しておきたいと思います。概念を定義づけると、「Web１＝read（読む）」「Web２＝read and write（読む、書く）」「Web３＝read, write, and own（読む、書く、所有する）」と表現することができます。つまり、Web１

の時代には、Webから情報を受け取るだけだったのが、Web２の時代には、自身からも書く＝発信する時代になり、今＝Web３の時代は、それらのコンテンツを「所有」する時代になったということです（なお、本節にいう「所有」とは、コンテンツに紐づくブロックチェーン上の履歴や証明データについて、ユーザーが管理・移転・販売等を行うことができる状態という意味で使用しています。法的な「所有」については、本書第３章第２節（角本和理）をご参照ください）。

それでは、Web３の時代におけるクリエイターコンテンツはどのように展開され、どうマネタイズされていくのでしょうか？

Web２時代のSNSクリエイターのコンテンツについてはすでに触れたとおり動画・写真・漫画・イラスト等さまざまでしたが、収益はいずれも広告収益がメインでした。YouTubeでは動画再生に応じた広告プログラムで収益が発生し、InstagramやX（旧Twitter）では、クライアント企業の広告をクリエイターが制作受託して、収益化を実現していました。筆者が経営する株式会社Mintoでも、主にX（旧Twitter）上で人気のイラストレーター・漫画家300名程度と契約し、2,000件以上の広告案件に携わり、広告だけで年収が1,000万円を超えるクリエイターを輩出してきました。また、広告収益以外ですと、SNS上でのコンテンツに作品性・キャラクター性が認められた際に、出版社や商品化をする会社を通じて、本やグッズ等のモノを販売して収益化することもありました。

一方で、デジタルコンテンツについては、スタンプ等は、特定プラットフォーム上の商品として成立していたこともありましたが、単価が低く、用途も限定されることが多かったといえます。

Web３の時代は、SNSクリエイターがデジタルコンテンツを発信するだけでなく、ユーザーがそのコンテンツ（NFT）を購入・所有し、さらに別のユーザーに販売（二次流通）することができます。そしてそれにより、新しいコンテンツやビジネスモデルが作られてきています。Web３より前の時代、Web上にあるコンテンツは（プラットフォーマー内でコピー制限をしないものを除いて)すべてコピー可能でした。つまり、クリエイターが発信したコンテンツも、そこから拡散されたものも同じコンテンツでした。そこに「オリジナル」と「レプリカ」等区別はなく、ゆえに敢えて所有する必要性もなかったのです。

それを変えたのがブロックチェーン技術です。自分が購入したデジタルコンテンツ（NFT）がオリジナルであるという証明を得られることでそこに価値が生まれ、需要が生まれました。クリエイターが自分の作り出した作品をSNSで発信し、ユーザーに購入してもらい、所有してもらう。これによって、インターネット上での収益機会は広がり、クリエイターの経済圏＝クリエイターエコノミーは、少しずつ厚みを増してきているのです。

もちろん、Web２の時代に確立された「広告収益」や「SNSから人気に火がついてモノで商品化」が、なくなるわけではありません。SNSでの影響力は、Web３向けのコンテンツを販売、マーケティングするのにも必要不可欠な要素です。つまり、Web２とWeb３のコンテンツや、マーケティング、ビジネスモデルは両立する、あるいはミックスすべきなのです。

Ⅱ．ブロックチェーン技術によって、デジタルコンテンツに価値がつく

前述したように、デジタル上のコンテンツに「オリジナル」である証明をつけることを可能にしたのがブロックチェーン技術です。アートに例えられることも多いですが、画家が描いたものと複製されたものには歴然とした価格の違いが出ます。デジタルコンテンツであっても「オリジナル」や「希少性の高いもの」に価値がつき、高い価格でやりとりされることを可能にするのが、Web３の世界です。

デジタルコンテンツはどのモニターで表示しても同じものが見られるし、そこになぜ価値が生まれるのかという疑問を感じる人もいるで

しょうが、リアルの世界でも同様のことは起きています。例としてわかりやすいのが「初版本」や「サイン本」です。出版された本としては、初版本も重版された本も内容に変わりはないはずですが、古書店等では特定の本の初版に高い価格がつけられていることがあります。また、著者のサインが入った本なども価格が高くなります。これは、それを「欲しい」と感じる人が多く、需要があり、その価値（本物か偽物か）が古書店の鑑定等によって担保されているからです。そして、NFTの場合は古書店の役割をブロックチェーン技術が果たして、同じことがデジタルの世界でもいえるようになったわけです。「1つしかない・ごく少数しかない」という希少性に価値を感じる人がいるからこそ、アート作品のように高値がついて取引されるのです。

筆者が経営する株式会社Mintoでも、2018年に「CryptoCrystal」というNFTプロジェクトを立ち上げました。鉱石の形をしたキャラクターを発掘していくゲームなのですが、そのCryptoCrystalのNFTの価格は、2021年に約100倍以上に跳ね上がりました。その背景にはブロックチェーンによる「希少性」への欲求がありました。2018年は、NFTプロジェクトは非常に少数でした。つまりブロックチェーン上に刻まれているNFTコンテンツの絶対数も少なかったのです。その後3年の時を経てブロックチェーンやNFTが注目を浴びるようになった2021年には、世界中で何千、何万というNFTプロジェクトが立ち上がり、大量のNFTコンテンツがブロックチェーンに刻まれました。2021年から眺めれば、2018年に生まれたNFTは、時間を遡って刻むことができない＝希少性があるもので、そこに価値を感じるユーザーがいたことで価格が上昇していったのです。これらのNFTは「ヴィンテージNFT」や「OG（Original Gangster）NFT」と呼ばれ、時間的な価値がデジタルコンテンツで評価されています。CryptoCrystalはそのうちの1つです。

Web 3以前はデジタルコンテンツ自体に「いつ作られたものか」という価値や評価軸は存在しませんでした。それは技術的に証明ができず、データの改ざんができてしまうためですが、ブロックチェーンの登場によって、データの改ざんや偽造が困難になり、コンテンツに付与された証明書が誰の目からも見えるようになったおかげで、デジタルコンテンツに時間的な価値を与えられるようになったのです。

Ⅲ. NFTコンテンツ／メタバースコンテンツとは

こうした技術的な進化によって、クリエイターが自身の作品を直接ファンへ販売するということも可能になり、デジタルコンテンツでも「オリジナル」の証明ができるようになったことで価値を高めやすくなりました。

「CryptoCrystal」のようなヴィンテージNFTコンテンツの代表例として真っ先に挙げられるのが、「CryptoPunks（クリプトパンクス）」です。小さなドット絵のようなイラストによるコンテンツで、一万点ほどが発行されましたが、ヴィンテージNFTとして価格を上昇させており、マーケット内で数千万から数億円もの価値をつけています。

NFTコンテンツの新しい潮流の中で、この1年程度ブームを牽引してきたのが、PFP（プロフィール画像）としてのNFT活用です。先に記したCryptoPunksは、手に入れたNFTをソーシャルメディア上でのプロフィール画像として使うユーザーが多くいます。PFPは、自分がそのNFTを所有していることを表現できる手段として用いられ、それまで「一点ものとしての価値」や「時間の経過による希少性」を楽しむことがメインだったNFTの所有目的を「自分が所有していることを第三者に知らせる」ことにも拡張しました。

言葉を選ばずにいえば、承認欲求を満たす手段としてもNFTの所有目的が広がったのです。またX（旧Twitter）ではNFTをプロフィールアイコンにしている人を対象に、アイコンの表示を通常の円形から六角形に変更する仕様変更が行われました。公式アカウントのように、

NFTを所有していることを証明してくれる仕様になっており、これもまた承認欲求をくすぐるものだといえます。これまで「所有し、眺める」だけだったNFTに初めてのユースケース（使い道）が登場したとあって、現在はこうしたPFP NFTのリリースも相次いでいます。

Ⅳ. Web 3メタバースでコンテンツはどう生かされるのか

NFTコンテンツにおいては、ブロックチェーン技術は希少性の証明方法として用いるだけではなく、他にもさまざまな活用方法があります。たとえば特定のNFTの所有者だけが閲覧できるページを作って、NFTをそこへの鍵のように使うこともできますし、そこで限定のグッズを販売したり、イベントを開催したりという使い方もできます。所有しているNFTがイベントへの入場チケットのような役割を果たすのです。

そして、その延長線でデジタルコンテンツの世界を拡張するのが「メタバース」なのです。メタバースは、そもそもWeb 3以前から存在していました。3Dのバーチャル空間があり、そこで他の人と遊んだり会話したりできる……というのがメタバースの基本的な概念です。そのために必要な技術はWeb 3以前から存在していましたし、実際にメタバースとして成立していました。

それではWeb 3のメタバースではどのような点に特徴があるのかというと、一言でいえば、ブロックチェーンベースであること。それによってガバナンストークンやNFTを用いた経済圏とコンテンツ流通ができることが大きいといえます。たとえば、先に述べたように、特定のNFTを持っている人だけが入れる空間を作ってコンサートやイベントを開催したり、3DのアバターのようなNFTであればそのままメタバース空間で使えたりといった形の使い方が考えられます。

Web 2でも特定のメンバーだけが入れるクローズな空間は現在で

も存在しますが、入場に必要なIDやパスワードといった情報を運営側に預ける必要があります。Web 3の場合、特定NFTを持っているというだけで「鍵」として活用できるため、利便性も向上します。そういった実証試験の場に、メタバースは非常に適しているといえるでしょう。

メタバースにおけるコンテンツ事例としては、アメリカでミュージシャンやDJとして活躍するスティーヴ・アオキ氏がThe Sandboxというメタバース／NFTゲームの中で実施する自身のパーティーで、特定のNFTを所有している人だけを入れるようにする試みを行っています。まさにNFTがチケットの役割を果たすわけですが、このNFTが音楽コンテンツだとしたら、音楽を先に楽しんでおいて、イベントではみんなと盛り上がって……といった楽しみ方も広がっていくでしょう。

Web 3メタバースの特徴である、ガバナンストークンやNFTを用いた経済圏とコンテンツ流通について、もう少し補足しましょう。Web 3メタバースのThe Sandboxは、空間があり、ユーザーがいて、3Dコンテンツが提供・販売されている点においては、従来のメタバースと変わりません。

一方で、ブロックチェーン技術を活用していることでの差は、1つは、メタバース内での「LAND（土地）」「アバター」「建物等のアセット」をNFTとして販売していることです。The Sandboxではメタバース空間自体を限定的な空間と定義し、その空間をLAND（区画数には制限がある）としてNFTで販売しています。LANDは、NFTで流通できるので、The SandboxだけでなくOpenSeaその他外部のNFTマーケットプレイスでも販売可能です。これによって、純粋なプレイヤーだけでなく、投資を目的とした人たちもThe Sandboxのエコシステムに参入してきています。LAND内で使用できるアバターやアセットも同様にNFTで提供されています。

2つめは、これらのNFTの売買をするために独自トークンの

SANDを発行しているところです。LANDを買う人、アバターを買う人、アセットを買う人は一旦自らが持っている暗号資産をSANDに変えて、経済活動を行います。これによってSANDによる経済圏が生まれているのです。当然ながら、SAND自体も外部の取引所等でいつでも他の暗号資産へ交換可能です。

つまり、Web 3メタバースは、空間や体験の拡張だけではなく、経済圏を付加することができるのであり、ここが大きな可能性だと考えています。

Ⅴ．クリエイターとファンの直接取引も可能に

Web 3によってクリエイターや彼らの活動に起こる変化は、自らの作ったコンテンツをNFTとして販売できるようになる点です。NFTにはデジタルコンテンツとしての側面に加えて、前述Ⅳで触れたような「認証機能」「鍵」としての側面があり、従来のデジタルコンテンツをアップデートした存在ともいえます。ファンが購入してくれたNFTに対してコミュニティへの参加権を付与するなど、ファンへのインセンティブがつけやすくなっているのは、クリエイターとファンとのコミュニケーションに寄与するはずです。

また、NFTの取引に利用されているマーケットプレイスの仕様次第ではありますが、NFTの転売（二次流通）の際にも作者へ収益が還元される仕組みになっていることもこれまでと大きな違いとなります。リアルの世界やWeb 3以前の世界では、クリエイターの手から作品が離れたら、転売されてもクリエイターの元には1円の利益も入ってきませんでした。ブロックチェーンによって、いつ誰が誰にいくらでそのNFTを譲り渡したのかが記録され、取引のトレースが可能になったことで、取引のたびに価格の何％をクリエイターに還元すると取り決めておけば、そのNFTの価値が上がれば上がるほど、また流通すればするほど、クリエイターが受け取れる収益も増えていく

ことになります。現在では悪とされている転売行為も、作品の価値を向上させる行為として受け入れられるようになるかもしれません。

Ⅵ. Web３時代、コンテンツ事業はどうなる？

ここまではWeb３やNFT、メタバースがクリエイターの活動やコンテンツそのものにどのような変革をもたらすのかを述べてきました。続いては、これらの変化を受けてコンテンツ制作会社やIPホルダー等の企業のビジネスモデルはどのように変わっていくのかについても、少し触れておきたいと思います。

コンテンツを発信する個人クリエイターだけでなく、たとえばアニメ作品を作っているような制作会社もWeb３を活用してビジネス拡大をねらえる可能性が高まります。企業規模が小さく、資金調達が難しいために自社で作品を作れないという制作会社も少なくありませんが、こうした会社がNFTを活用することで資金調達を行うというモデルも登場しています。ファンや投資家に対して作品のプロモーションを行い、イラスト等のコンテンツを販売するのです。作品に将来性を感じた人がそれらを購入することで資金を増やせますし、実際に作品に人気が出ればコンテンツを転売して利益を出すこともできますし、もちろんその利益の一部は制作会社にも入ってきます。

資金調達という面だけ見ればクラウドファンディングに近いと思われるかもしれませんが、NFTではコンテンツを購入した時点でプロジェクトとの関わりはいったん完結しており、またリターン品（支援に対するお礼）の用意も必要ありません。「すべてがデジタルで完結する」というNFT取引には、販売する側の負担が軽くなるという面もあるのです。

直近では、日本でも「スーパーサピエンス」のようなプロジェクトが立ち上がっています【1】。

Ⅶ．IP（知的財産）の扱いにも変化が起こる？

NFTコンテンツやメタバースコンテンツがこれから普及、浸透していくにあたり、勘案しておくべき事柄についても述べておきたいと思います。コンテンツを二次流通、三次流通させていくときに問題となるであろう著作権や商標権等を含む知的財産権の取扱方法です。

2019～2021年ごろのNFTプロジェクトではCC0（クリエイティブ・コモンズ・ゼロ）という、著作権を放棄するような形のものが一時流行しました。CryptoCrystalも、初期はMinto社が著作権を持っていましたが、2021年にCC0の形式で著作権を放棄しました。これと関わりなく、販売者としてNFTの販売収益を得ることができますが、たとえばキャラクターの絵を使ったグッズを第三者が制作して販売した際の収益は得られないことになります。

権利をオープンにすることのメリットとデメリットについて述べますと、メリットはその作品やキャラクターがどんどん「広がる」ことです。一方デメリットとなるのは、ブロックチェーン上でコンテンツそのものが売れたときの収益以外の利益を放棄せねばならなくなることで、そのバランスに悩まされることも少なくありません。

NFTコンテンツを制作している人たちの間では「どんどん広げてもらうことで認知アップにつなげ、そこから興味をもった人にNFTを買ってもらったり、転売してもらえばよい」という考え方が一般的です。マーケティング手段の１つとして、購入者に「広告」的な役割を果たしてもらおうという考え方であり、現在はCC0こそ少ないものの、ある程度権利はオープンな状態で提供されているNFTコンテン

【1】 https://supersapienss.com/
「SUPER SAPIENSS（スーパーサピエンス）」は、日本のエンタメ・映画界を牽引してきた３人の映像監督『堤幸彦・本広克行・佐藤祐市』と映画プロデューサーの森谷雄が共同で制作指揮をとり、サポーターと一丸となって日本の映像業界史上初となる【原作づくりから映像化および配給（配信）に関する全プロセスの一気通貫】に挑むプロジェクト。FiNANCiEでのトークン発行DAO（コミュニティ）連動が特徴。

ツが主流といえます。

デジタルコンテンツに金銭的な価値がつけられたことで、著作権にまつわる考え方も変化を迫られているのがこうした動きに表れているといえますし、2022年８月にはアメリカのベンチャーキャピタルであるAndreessen Horowitz（a16z）がWeb３時代の著作物の再利用について「商用利用」や「改変」等の可否によって分類した６種類のライセンスを公表するという動きもありました【2】。

とはいえ、どのような形での提供が最適かはプロジェクトによって異なりますし、まだ歴史の浅いWeb３においては試行錯誤の段階であると言わざるを得ません。どの程度まで権利をオープンにするのかは、まだまだ流動的な時期が続くでしょう。

Web３やNFT、メタバースによってクリエイターをとりまく環境は変化していくでしょう。その中でも特に楽しみにしたいのは、SNSの時代に実現しきれなかった新しいIPやコンテンツが生まれることです。Web３の世界線では、世界的に広がる、国民的キャラクターの生まれ方も、育ち方もこれまでとは全く異なるはずですし、これまでになかった新たなコンテンツが生まれる可能性も大いにあります。それを日本のクリエイターとともに、日本から送り出せるとしたら……と、今から楽しみに感じています。

（原稿受領日：2023年10月18日）

【2】　https://a16zcrypto.com/introducing-nft-licenses/

【第２節】

XR・オープンメタバース内のバーチャルオブジェクトの物権的保護の可能性と課題
――法主体のモノに対する愛着と、人役権の機能に着目して――

立命館大学 政策科学部　准教授　角本　和理

Ⅰ．はじめに

本節では、XR・オープンメタバース内のバーチャルオブジェクトを民法上の物権的保護の対象とする可能性と課題について、法主体のモノに対する愛着と、人役権（非独占型の物権的利用権）の機能に着目して検討したいと思います。ここでははじめに、前提となる問題状況と民法上の論点を確認していきましょう。

１．問題状況

本節では、次の２つの問題を前提として論述を進めます。

第１に、そもそも論として、バーチャルオブジェクトに対するユーザーの所有“感”を、われわれは民法的にどう受け止めるべきなのでしょうか。技術の発展によって、いよいよリアルとバーチャルの壁を取り払う時が近づいているのではないかという機運が生まれつつある中で、バーチャルオブジェクトの“所有”のあり方を考えるためには、この点について腰を据えて根本から検討する必要があるように思われます。

第２に、XR・オープンメタバースをめぐる個別具体的な民法問題

――たとえば、Aの運営するメタバース内で活動するユーザーXのオブジェクトをユーザーYが持ち出し、Bの運営する別のメタバースに移転した場合（さらにそのオブジェクトが第三者に渡った場合）、AにとどまるユーザーXは、どのような権限で、どのような場合に、誰に対してオブジェクトの返還等を求められるのか――について、既存の法制度との整合性を意識しつつ検討することも求められます。

本節では、これらの問題を前提に、バーチャル空間のオブジェクトについて「物権的保護の対象とするべきなのではないか」という議論の可能性と課題について、検討します【1】。

2．民法上の論点整理

バーチャルオブジェクトに対するユーザーの所有“感”を民法がどう受け止めるかを基礎的に考察し、オブジェクトの具体的な法的保護のあり方を検討するにあたっては、さしあたり、民法上の所有権とはどういう権利なのか、（所有権を代表とする）物権の客体にはどのような要件が求められるのか、オブジェクトを利用等する法主体の主観的要素としてどのようなものが重視されるべきなのかを押さえる必要があるでしょう。

（1）所有権の基礎理論

近代法の所有権は、土地に関する封建的で複雑な支配・管理体系を打ちこわし、その排他的支配（使用・収益・処分）権能を権利者に一意に認めることを目的として構想されたものです【2】。

【1】　本争点に関する先駆的論考として、中崎尚「バーチャルプロパティ論」NBL963号76頁以下（2011）があります。また、近時の論考として、小塚荘一郎「VR内の『物』とデジタル資産の所有権」ビジネス法務21巻6号56頁以下（2021）、関真也『XR・メタバースの知財法務』182頁以下（中央経済社、2022）等があります。基本的な争点についてはこれら類書に譲り、本節ではやや立ち入って、理論的考察を試みることにします。

【2】　川島武宜『新版　所有権法の理論』34頁（岩波書店、1987）。

この近代的所有権は、次の３つの考えを理論的な基礎に据えています。まず、自然状態の対象（例：未開墾地）に労働を投下したものに所有権を認める、ロックの労働所有理論です【3】。次に、社会全体の幸福（例：富）の最大化に資する形で所有権を付与する、ベンサムの功利主義です【4】。そして、所有者等の人格の延長として、愛着に根ざす権益保護をも認める、ヘーゲルの人格的所有理論です【5】。

これら基礎理論の日本民法の物権法制に対する影響を確認すると、次のことを指摘できます。まず、明文の規定として、たとえば239条１項に定められる無主物先占は、まさに労働所有理論の影響が色濃いものといえます。ほかにも、法典調査会（総会）における起草者（梅謙次郎）の発言をみると、後述する人役権を否定する文脈において、「所有権に無数の物権的利用権が付着しないようにすることは、所有物に対する所有者の愛着を増し、ひいては投資や取引の活発化につながる」という趣旨の発言がなされています【6】。ここには、功利主義および人格的所有理論の影響をみてとることができます。

この点、近代的所有権は、近代法の財産権の中で最も“強い”権利でありながら、「土地や有体物について排他的支配を一意に認めること」を**法技術的に実現するための権利にすぎない**といえる側面をも有します。そのため、有体物や土地とは存在形態の異なるバーチャル空間のオブジェクトに「所有権」を認めることにどれほどの意義があるか、そのほかにより適切な保護の仕方がありうるのではないか、これらを機能的に分析する必要があります。

【3】　この立場を重視する日本の基礎理論として、森村進『財産権の理論』（弘文堂、1995）。
【4】　この立場を重視する日本の基礎理論として、加藤雅信『「所有権」の誕生』（三省堂、2001）。
【5】　この立場を重視する日本の基礎理論として、吉田邦彦『民法解釈と揺れ動く所有論』342-357頁（有斐閣、2000）。
【6】　法務大臣官房司法法制調査部（監修）『法典調査会　民法総会議事速記録』48頁［梅謙次郎発言］（商事法務研究会、1988）。

（2）物権（所有権）の客体としての「物」

バーチャルオブジェクトを物権的保護の対象とするとして、次に民法の解釈論上問題になるのが、所有権を代表とする物権の客体である「物」の要件です。これは、民法85条に定められています。

日本民法上の「物」は、伝統的に、①有体性、②支配可能性、③独立性（および④非人格性）が求められるとされてきました[7]。典型例としては、物理的に存在する土地等の不動産や家具等の動産が挙げられ、無体物であるデジタルデータについては「有体性」要件を満たさないため、原則としては物権の対象とはならないように思われます。

しかしながらこの有体性要件については、歴史的にも無記名債権等多くの例外が認められてきたこともあってつとに批判がなされ[8]、情報化社会においては「情報」もこれに含めんとする議論が再び盛んになっているところです[9]。特に、「システム上一定の排他的支配の可能な情報財」については、正面から「物」とすべきとする動向が有力になりつつあるようにも思われます[10]。

近時の立法例としても、バーチャルオブジェクトを「物」に含めようとする動向がみられます。たとえば、中国民法（典）総則（篇）が挙げられます。この127条では、「インターネット上の仮想財産」が物権の客体として位置づけられています。ただ、実際に物権（特に所有権）の対象となるかについては特別法等の規定に委ねられており、民法上当然にその対象となるわけではないことには留意が必要で

【7】 山野目章夫（編）『新注釈民法（１）』787-790頁［小野秀誠］（有斐閣、2018）。

【8】 代表的なものとして、三潴信三「無体物観念ノ排斥ニ関スル疑問」法学志林13巻８・９合併号［梅謙次郎追悼］477頁以下（1911）、我妻栄『新訂民法総則〈民法講義Ⅰ〉』201頁以下（岩波書店、1972）等。

【9】 たとえば、河上正二『民法総則講義』205頁（日本評論社、2007）。

【10】 仮想財産につき、角本和理「いわゆる“仮想財産”の民法的保護に関する一考察（３・完）」北大法学論集65巻５号287頁以下（2015）。暗号財産につき、森勇斗「暗号型財産の法的性質に関する『物』概念からの再検討」一橋研究45巻１・２号１頁以下（2020）。

す【11】。

今後、順調に社会の情報化が一層進展するとしても、人間が有機生命体としてなおこの物理世界で生活するのであれば、土地や有体動産の重要性が皆無になることはありえませんので、これらを重視する現行法制を抜本的に再構成することには必ずしもならないでしょう。しかし、「システム上一定の排他的支配の可能な情報財」については、その社会的重要性が（相対的に）高まりつつあるため、機能的に必要のある限りで、物権の対象たる「物」としての適切な保護のあり方（の可能性）を検討してもよいようにも思われます。

（3）法主体の「合理的意思」と「意識／愛着」

日本民法の財産法制において、法主体の主観的要素として枢要なものは、もちろん「意思」です。このように「意思」に基づいて法律関係を統一的に構築する体系は、近代ドイツ法に由来します【12】。

この「意思」に関する民法の具体的な規定としては、3条の2の「意思能力」や、第1編第5章第2節の「意思表示」をはじめとして枚挙に暇がありませんが、物権法の領域では、所有権に関する176条の「物権の設定及び移転」に関する「意思表示」、占有権に関する180条の「自己のためにする意思」等を挙げることができます。それぞれ、そこにいう「意思」とはどのようなものなのか、どこまで重要な要件なのかについて、あるいは物権変動における意思主義と形式主義の対立として、あるいは占有（権）の主観説と客観説の対立として、解釈論上の大きな争点となってきました。

このような個々の論点に関する細かな議論はひとまず措くとして、ここにいう「意思」とは、一般に「合理的意思」（利害得失を冷静・

【11】 中国法における暗号型デジタル資産の取扱いにつき、石本茂彦ほか（編著）『中国のデジタル戦略と法』第8章［角本和理］（弘文堂、2022）参照。

【12】 特に法律行為について論じるものとして、川島武宜（編）『注釈民法（3）』13頁以下［平井宜雄］（有斐閣、1973）。

客観的に計算する思考）として捉えられるものであるとされ、その背景には、合理的な人間像を理想とする近代的な考え方（パスカル、デカルト、特にＪ・Ｓ・ミルのそれ）があります。

このような「合理的意思」を所与の前提とする考えに対し、近時、一方で、「ヒトの愛着を重視する財物」（例：ペット等）の保護の特殊性が強調されたり【13】、多方で、認知科学や人工知能技術の発展を背景に、自然人の特徴として「ナラティブ的意識」を重視する観点から人間像の見直しがなされたりしています【14】。つまり、民法（財産法）上の主体論・客体論双方において、モノに対するヒトの「愛着」に配慮する理論的素地ができつつあるわけです。

このことからすると、本節の検討課題であるバーチャルオブジェクトの法的保護についても、この「愛着」を手がかりとして検討することにも意義があるように思われます。

３．本節における具体的な検討課題

以上のような民法上の議論状況を前提に、本節では以下の点を検討します。

まず、Ⅱでは、「モノの所有・利用関係における、モノに対するヒトの『愛着』への配慮の可能性と限界」を考察します。ここでは、バーチャルオブジェクトに対するユーザーの所有“感”を、モノに対するヒトの「愛着」に根ざすものと仮定し、これに対する民法上の配慮のあるべき方向性を、心理学の知見に依拠しつつ問題提起します。

次に、Ⅲでは、「XR・オープンメタバース内のオブジェクトの法的保護における物権的構成の可能性と限界」を考察します。ここでは、

【13】　吉田克己＝片山直也（編著）『財の多様化と民法学』12頁以下［吉田克己］（商事法務、2014）。その先駆として、吉田（邦）・前掲書注５）が挙げられます。

【14】　角本和理「データ駆動型社会における民法上の主体・客体・行為論に関する総論的考察」深谷格ほか（編著）『生と死の民法学』32頁（成文堂、2022）。

バーチャルオブジェクトに関するユーザーの財産的権利を構成するための１つの選択肢として、非独占的な物権的利用権である「人役権」について考察する可能性／必要性があることを問題提起します。

そして、Ⅳでは、（広義の）暗号資産を念頭に進む他国や国際機関の立法動向、非代替性トークン（NFT）の物権的保護に関する日本国内の近時の議論状況と、本節（特にⅢ）の議論とを比較検討します。

いずれも、あくまで試論的なものにすぎませんが、本節では、バーチャルオブジェクトの民法的保護に関するこれまでの議論に、また新たな視点を付け加えることを目的としているわけです。

Ⅱ．モノに対するヒトの「愛着」

ここでは、心理学の領域における、①「モノに対する愛着の体系化」を試みる研究と、②対人関係との類比から「ヒトのモノに対する愛着」を分析する研究を参考にすることで、民法上のモノの保護のあり方を再検討する足がかりを得ることにします。

1．モノに対する愛着の体系化

まず、「モノに対する愛着の体系化」に関する研究【15】をみていきましょう。

（1）研究の概要

この研究は、10代から60代までの66名に対するアンケート調査をもとに、「モノを長く持ち続けること」と「愛着の発生」の関連、「愛着の捉え方」を明らかにすることを目的としたものです。ここでは、レ

【15】　橋本英治ほか「モノに対する愛着の体系化」日本デザイン学会研究発表大会概要集45巻28頁以下（1998）。以下の内容は、基本的に本論文に依拠しています。

パートリー・グリッド法によって、調査結果の集約・階層化が行われています。

（2）愛着に関する評価項目のうち重要なもの

この調査結果から得られた、愛着に関する評価項目のうち重要なものは、次のとおりです。すなわち、(a) モノが機能的に優れていること、(b) そのモノに対してこだわりを持っていること、(c) 手に入れた背景がその人にとって印象深いこと、(d) モノに自分自身を見出せること、(e) 期待以上の効果が感じられること、(f) 触った感じや見た感じ等の感覚特性に優れていること、(g) 使い続けている間に印象深い経験を共にすること、(h) モノが単なるモノとして感じられなくなること、以上の８項目です。

（3）「モノに対する愛着」の構造化

以上の意見を集約・階層化した結果得られた、被験者の「モノに対する愛着」を構造化すると、次のようなものになるそうです。すなわち、①モノの構造や機構が優れていて、使い勝手の良さや性能の高さが感じられること、②モノの素材や質感がよく、使っていて気持ちがいいこと、③モノ自体が特徴を持ち、そのモノを持っていることの喜びを感じさせること、④出会いの経緯や思い出等の、モノに本来備わらない新たな価値観が付加されること、以上の４要素です。

このうち、①〜③はモノに本来備わる要素で、④はユーザーがモノに新たに付加する価値観であると評価できます。本節が対象とする問題でいえば、①〜③はオブジェクトの作成者（例：事業者、クリエイター、一部環境におけるユーザー）の労力に、④はそのオブジェクトを利用する一般ユーザーの主観に、基本的には由来するということになります（この点、XR・メタバースでは、ユーザーの体験のための環境・状況それ自体を事業者が提供している面もあるので、留意が必要です）。

2．対人関係との類比でみるモノへの愛着

次に、対人関係との類比から「モノへの愛着」を分析する研究【16】をみていきましょう。

（1）研究の概要

この研究では、「ヒトとモノの関係は、ヒトの認知において、①モノが自己に同一化される場合と、②モノが他者に同一化される場合がある」とする仮説【17】を前提に、大学生418名を対象として、「愛着のあるモノ」、これと結びつく「人的メタファの対象」、その「愛着を持つ理由」についてアンケート調査をし、「モノをヒトに喩えること」と「愛着をもつ理由」との関連が分析されています。

（2）愛着のあるモノと「人的メタファ」

まず、愛着のあるモノをヒトに喩える際の、（この研究で対象とされる）「人的メタファ」について、喩えられた割合の多かった順に並び替えると、ⓐ身体の一部、ⓑ自分自身、ⓒ友人、ⓓ家族、ⓔ恋人、ⓕ近所の人、ⓖ知らない人、となります。

次に、そのモノに対して「愛着をもつ理由」を採択率の高い順に並べると、①思い出がある、②長い間所有している、③役に立つ、④気持ちが落ち着く、⑤お金がかかっている、⑥使いやすい、⑦自分自身を表現している、⑧気持ちが高ぶる、⑨他者を表現している、となります。

【16】　木野和代ほか「モノへの愛着の分析」感性工学研究論文集６巻２号33頁以下（2006）。以下の内容は、基本的に本論文に依拠しています。

【17】　山根一郎「『他者』概念の心理学的検討」椙山女学園大学研究論集（社会科学篇）32号233頁以下（2001）。

(3) メタファの対象と愛着を持つ理由

以上の結果を、ロジスティック回帰分析で、「メタファの対象」と「愛着を持つ理由」につき、後者を説明変数とし、前者を従属変数として分析すると、次のようなことがわかるそうです。

まず、「長い間所有している」とか「お金がかかっている」は多数の反応がある愛着理由ではあるものの、人的メタファとの関連はほぼみられないため、あくまでモノ的な愛着といえることになります。次に、「思い出がある」はすべてのメタファに、「自分自身を表現している」は「自分自身」、「自分の一部」、「恋人」のメタファに係るため、人的メタファとの関連が全般的に強く出ていることがわかります。そして、「他者を表現している」と「気持ちが高ぶる」は「恋人」と「友人」、「気持ちが落ち着く」は「家族」と最も関係があり、この種の感情的なものは、「身近な他者」へのメタファに繋がっています。さらに、「使いやすい」と「役に立つ」といった、モノ的な関係性を示すように思える“道具としての有用さ”は、「身体の一部」のメタファの重要な要素となるため、単にモノ的な愛着を示すということには必ずしもならない、ということも見過ごせません【18】。

3.「愛着」を重視する法的構成に関する若干の考察

(1) ヒトとモノとの関係性と、民法(財産法)

今日の社会では、モノはモノである以上、ヒトとの関係において、支配―従属といった要素から逃れることはできません。しかしながら、多種多様なモノの一部は、所有者の認知的枠組みの中では、単なる物

【18】 補足として、「自分自身」へのメタファに重要なのは、「思い出がある」と「自分自身を表現している」だそうです。本問題領域では、アバターとかかわるものといえます。

体ではなく、手放しがたい特別なモノとして存在し、場合によっては「所有者自身」や「身近な他者」へと擬人化されることもあります。この状況を、民法（財産法）はいかに捉えることができるでしょうか。

（2）「愛着」を重視する構成の可能性

先に検討した心理学上の研究を参考にすると、次のことがいえるかと思われます。

まず、モノに対するヒトの「愛着」には、①「モノに本来備わる作成者由来の要素」と、②「ユーザーがモノに新たに付加する要素」とがあります。さらに、ヒトとモノとの関係は、ⓐ「モノ的な関係」とⓑ「ヒト的な関係」に分けられ、後者のヒト的な関係にも、（α）「モノが他者に同一化される場合」と、（β）「モノが自己に同一化される場合」があります。

以上を踏まえて、ユーザーの「愛着」を重視する権益保護のあり方を試論として示すとするならば、図表3-2-1のようなものが考えられるのではないでしょうか。

1．②「ユーザーがモノに新たに付加する要素」ⓑ「ヒト的な関係」（β）「モノが自己に同一化される場合」≧
2．②「ユーザーがモノに新たに付加する要素」ⓑ「ヒト的な関係」（α）「モノが他者に同一化される場合」＞
3．②「ユーザーがモノに新たに付加する要素」ⓐ「モノ的な関係」≧
4．①「モノに本来備わる作成者由来の要素」ⓑ「ヒト的な関係」（β）「モノが自己に同一化される場合」≧
5．①「モノに本来備わる作成者由来の要素」ⓑ「ヒト的な関係」（α）「モノが他者に同一化される場合」＞
6．①「モノに本来備わる作成者由来の要素」ⓐ「モノ的な関係」

図表3-2-1：「愛着」を重視する権益保護のあり方（試論）

XR・メタバースのサービスが展開され、関係者間に諍いが生じた際に、この図表3-2-1の基準を意識しながら当事者の愛着に丁寧に配慮した対応をするということも、選択肢としてはありうるように思われます。具体的には、①オブジェクトの盗難や第三者の即時取得との調整、②（事業者に起因する）データ滅失時の賠償額（慰謝料）算定の基準、③サービス終了（の可能性）とユーザーの利用状態の保持等々の場面で、比較衡量の参考とすることが考えられます。

このような視点から問題への対応を考えることによって、合理的人間像のみを念頭に置く場合には抜け落ちる新たな視野が開かれ、サービスをより充実したものにしていくことができるように思われるのです。

(3)「愛着」を重視する構成の限界

以上のような一定の利点がある本構成ですが、その限界としてはさしあたり、取引促進との兼ね合い、愛着と依存の線引きに関する難しさ、権利構成のあり方との関係につき指摘することができます。

まず、「愛着」と「取引促進」との兼ね合いをめぐる限界として、この構成の基礎にあるといえるヘーゲルの人格的所有理論は、必ずしも「輾転流通する取引の促進」を目的とはしていない点が挙げられます。本節で検討した心理学の研究も、“1つの商品をずっと使い続けてもらう”マーケティングに対する示唆を得ることをねらったものです[19]。本構成は、関連サービスの生成・展開に際して参考となる面も大いにありますが、（NFTを活用した）輾転流通取引の促進をねらう際には、同時に桎梏ともなりうるかもしれないことを指摘できます[20]。

次に、「愛着」と「依存」の線引きに関する難しさがあります。バー

【19】　橋本ほか・前掲注15）28頁。

【20】　ただ、功利主義等の別の基礎理論を事態適合的に組み合わせることで、この難点は回避することができます。

チャル空間サービスでは、ユーザーがその“世界”にのめり込むことによる依存状態が、しばしば問題視されます。このようなサービスに限らず、何らかの“依存”については、その社会のあり方によって評価が異なるところです。一方では技術やサービスなどの普及に対して批判的な者が不必要なまでに“依存”を強調することがあるものの、他方では愛着が行き過ぎて執着となり、法の観点から肯定的に評価できない段階に至ることがあることもやはり事実です。そのため、愛着の評価の仕方については、より精緻化される必要性があるといえます。

そして、「愛着重視」と「権利構成」との関係をめぐる限界として、モノに対するユーザーの愛着にどのように配慮するかという論点と、オブジェクトに関する民法上の財産的権利構成（債権的構成か物権的構成か）の論点は、必ずしも論理必然の関係にはないことが挙げられます。本問題領域では、ユーザーの“想い”について、モノに対する“物権的愛着”とするか、サービスに対する“債権的期待”とするか、どちらもありうるわけです。そのため、オブジェクトに対するユーザーの権利構成は別途考える必要があります。

後者の点については、項を改めて検討することにしましょう。

Ⅲ．物権的構成の可能性と限界

XR・オープンメタバース内のオブジェクトに関するユーザーの財産的権益について、どのように構成するのが妥当なのでしょうか。ここでは、債権的構成と物権的構成を一般的に比較検討したうえで、物権的構成の一類型である人役権構成の意義と課題について考察していきます。

1．債権的構成か物権的構成か

（1）債権的構成の可能性と限界

バーチャルオブジェクトに関するユーザーの権利としては、事業者・ユーザー間の契約に基づく債権的利用権構成が採用されるのが一般的です【21】。この構成は、閉ざされた“空間”ないし“世界”を事業者が独占的に管理・運営し、その中で、“事業者と契約関係にある”ユーザーたちが活動する場合には、適合的な面が多分にあります。しかしこれに対しては、所有権の対象となる「物」に無体物が含まれないことを前提にしながらも、ユーザーと事業者間の紛争については（ユーザーにオブジェクトの所有権が帰属するとする実益はないものの）オブジェクト等の財産的価値がユーザーに帰属することは前提とすべきであるし、ユーザー間の紛争については現実世界に擬制した処理が可能となるので、オブジェクトの（カギカッコつきの）「所有権」の帰属をユーザーに認めて差し支えないとする批判があります【22】。

また、オープンメタバースでは契約関係にない間柄で法的問題が起こる可能性がおのずと高まり、債権的構成には限界が生じかねないことを指摘できます。さらにNFTを前提とすると、データの侵奪の場合、同種のオブジェクトのデータをユーザーのアカウント内に復旧させるだけでなく、「まさにそのNFTを侵奪者に返還してもらう」などという、ある種の物権的権能が（限定的にであっても）求められる可能性もあるように思われます。

（2）近代的所有権構成の可能性と限界

この点、バーチャルオブジェクトの権益帰属の議論においては、ユー

【21】　角本・前掲注10）も結論としては同旨。
【22】　吉田克己『物権法Ⅰ』95-99頁（信山社、2023）。

ザー側からはしばしば労働理論に相当する議論（時間・労力の投下）が展開され、ユーザーに所有権（特に有償譲渡権能）を認めるべきだと主張されます。そのユーザーの想いに、共感を覚える向きもあるかもしれません。

しかし、バーチャル空間は自然（神）が生み出すものではなく、運営者（人）が多額の費用をもって構築するものであるため、自然状態の土地に対する人間の作為を念頭に置いた労働理論は、そもそも適合的でないきらいが多分にあります。本場面におけるユーザーの権能と、事業者の権能は、"近代的"所有権構成の発想ではうまく切り分けられない面もあるのです。

本問題領域におけるユーザーの財産的権益について、物権的に構成することを試みるとしても、近代的所有権の類推から排他的・全面的支配権能を（一足飛びに）ユーザー等に帰属させようとするのではなく、ひとまずは支分権（個々の物権的権能）の適当な帰属のあり方を機能的に分析するほうが実際的であるように思われます【23】。そもそも、NFT等の新たな情報技術には前近代／近代をひっくるめたこれまでの物権法制の課題を抜本的に克服するポテンシャルがありますので、これまでの先入見に引きずられない柔軟な思考でもって臨む必要があるといえるでしょう。

2. 人役権構成の可能性と限界

それでは、本場面に適応しうる（ユーザーの権益の）物権的構成として、ある種の「非独占的な物権的利用権」である「人役権」につき、考察してみたいと思います。

【23】 同旨のものとして、小塚・前掲注1）59頁。

（1）非独占的な物権をめぐる日本民法の歴史

まず、前提として、現行の民法に定めのある物権的利用権は、いずれも土地にのみ着目した規定となっているか、半ば独占的に利用収益等する権利を認める規定になっているため、「非独占的な物権的利用権」である「人役権」とは異なるものであることを指摘できます【24】。

この点、明治以前の社会では、隠居者や寡婦に対してある土地による収益を終生認める慣習や、小作人に農地を耕作させるにあたり家畜や農機具を貸し与える慣習がありました。日本の旧民法（明治民法以前に作成されたそれ）財産篇110条には、これらの慣習を法的に保護するための、「居住権」や「使用権」という、「人の便益のために他人の物を“限定的に”利用等することを可能にする物権」（非独占型人役権）が定められていました。

しかしながらこれらの規定は、明治民法の立法者（梅謙次郎）の、「所有権に無数の物権的利用権が付着しないようにすることは、所有物に対する所有者の愛着を増し、ひいては投資や取引の活発化につながる」との考えにより、法定されるにいたりませんでした【25】。

（2）非独占型人役権の内容とXR・オープンメタバース

非独占型人役権は、ローマ法にもみられた権利で、現代でも欧米では独国法や米国法、アジアでは中国法等に、自然環境・文化財や居住の保護等のためになお存する制度です（仏国法でも判例によって理論構成の可能性自体は認められています）【26】。

具体的には、所有者の所有権の実質を損なわない（その利用・収益

【24】　たとえば、地役権は役権の一種ですが、「土地の便益のために他人の土地を利用する物権」であるため、人役権と異なります。また、用益権は人役権の一種ですが、「所有者の利用収益を排除しうる物権」であるため、非独占型人役権とは異なります。

【25】　議論の経緯として、法務大臣官房司法法制調査部（編）・前掲書注6）46頁以下。

【26】　総合的な比較法研究として、水津太郎ほか「ミニ・シンポジウム 人役権制度の比較法研究」比較法研究80巻168頁以下（2018）。

を必ずしも排除しない）かたちでモノを利用等する権利をいいます。この性質に基づいて利用者に物権的効力が付与され、収益権の設定・制限や、「住環境の維持」など精神的利益に対する配慮も可能となります。対象としては、歴史的・比較法的には不動産が典型例ですが、動産も含まれます。譲渡性・相続性については、自然人については一身専属的（譲渡不可・有期限）であることが多いものの、これを認めるべきとの議論もあります。さらにこの権利は、私人間の契約によって内容を定めることもできるという特徴を有します。

この人役権については、近時日本法においても、不動産や文化財を念頭に、肯定説に基づく立法論が有力に主張されているところです【27】。また、2018年相続法改正において、これと類似した性質をもつ配偶者居住権が定められたことからも、この種の権利に今日的な意義があることがわかります（この点、配偶者居住権は、立案担当者によって「賃借権類似の法定債権である」と説明されていますので【28】、人役権そのものではないと解されます。ただこれに対しては、今般の配偶者居住権のルーツは前述の旧民法財産篇110条に求められるとする指摘【29】や、配偶者居住権の法的性質はむしろ用益権と解する方が適切であり、そうだとすると人役権が限定的に再生していることになるという見解【30】がみられ、注目に値します）。

バーチャルオブジェクトに関する権益についても、非独占型人役権構成の分析的な発想を足がかりとすれば、NFT等を応用したアーキ

【27】　川島武宜＝川井健（編著）『新版注釈民法（7）物権（2）』940頁以下［中尾英俊］（有斐閣、2007）、山野目章夫「新しい土地利用権体系の構想」民法改正研究会（編）『民法改正と世界の民法典』109頁以下（信山社、2009）、大沼友紀恵「人役権制度の比較法的·立法論的考察」成蹊大学一般研究報告46巻第6分冊1頁以下（2012）、秋山靖浩「人役権の導入に関する一考察」大西康博古稀『市民生活関係法の新たな展開』3頁以下（敬文堂、2019）等。

【28】　堂薗幹一郎＝野口宣大（編著）『一問一答　新しい相続法』18頁（商事法務、2019）。

【29】　池田真朗『ボワソナードとその民法〔増補完結版〕』533頁以下（慶應義塾大学出版会、2021）。

【30】　吉田克己『物権法Ⅲ』1219-20頁、1351頁（信山社、2023）。

テクチャでもって関係者の重層的な権利関係（クリエイターの収益権とユーザーの収益権、ユーザーの排他的利用権と事業者のシステム管理権限等）を事態適合的に配分することが可能となるように思われます。いずれにせよ、非独占型人役権を現代的に再生することによって、本問題領域におけるユーザーの利用・収益・処分等の権能を適正に構成するための選択肢が増えることは確かではないでしょうか。

（3）人役権構成の課題

以上のような非独占型人役権構成にも、次のような課題があります。

まず、非独占型人役権を運用するためには、物権法定主義の要請により、必然的に立法政策が求められることになります。なぜなら既述のとおり、現行法にはバーチャルオブジェクトの問題にあまねく適用できそうな非独占型人役権に関する明文の規定がないからです。そのため、民法改正がなされるか特別法が制定されない限り、当事者間の契約によってもこれを適法に生み出すことが必ずしもできません。

次に、非独占型人役権を正面から法定するとなると、近代以前の複雑かつ非効率な制度へと回帰するきっかけとなりかねないことを指摘することができます。そのため、本問題に限った権益構成を行うにせよ、不動産や文化財に関する議論をも糾合して総合的な人役権を構想するにせよ、一定の慎重さが求められます。

このように課題がなくはありませんが、次にみる近時の動向を考えあわせても、人役権構成には積極的に検討する余地があるように思われます。

Ⅳ. デジタル資産に関する近時の立法動向・議論状況

本項では、デジタル資産の物権的保護に関する近時の国外の立法動向や日本国内の議論状況をおおまかに確認し、以上で示した考えと比較検討してみましょう【31】。

1．国外の立法動向

デジタル資産の法的保護については、近年、一定の要件をみたすものであれば有体財産に近い取扱いをしようと、世界各国の立法当局や国際機関が対応を進めています。ここではその中でも、「支配可能な電子的記録」という概念に着目するものをみることにします。

（1）「支配可能な電子的記録」（Controllable Electronic Record）

まず、2022年に、米国の統一商事法典（UCC）に「支配可能な電子的記録」に関する第12編が新設されています【32】。また、2023年に、各国の私法の調整等を目的とする国際機関であるユニドロワ（UNIDROIT）が「デジタル資産と私法に関するユニドロワ原則」を採択していますが、ここでもカギとなるのは「支配可能な電子的記録」です【33】。特に後者は加盟国に直接的に影響を与えうるものなので、日本にとっても他人事ではありません。

これらの規律は、電子的記録自体やそれが記録されるシステム等が次の権限を実質的にある者に帰属させる場合には、その者に「支配」を認めるという点では、ほぼ共通しています。すなわち、ⓐ当該電子的記録から得られる実質的に全ての便益を利用できる権限、ⓑ当該電子的記録から得られる実質的に全ての便益を他者が利用することを排除する権限、ⓒ当該電子的記録の支配を他者に移転する権限、以上の

【31】　ここでは、本節のもととなった研究報告（2022年６月26日）では盛り込むことのできなかった、その後の立法動向や国内の学説について加筆しています。

【32】　先行研究として、望月健太「米国におけるデータの保護制度」21世紀政策研究所研究プロジェクト『データに関する権利のあり方』89頁以下、特に100頁以下（2023年３月）〈http://www.21ppi.org/theme/data/230424.pdf〉等。

【33】　本プロジェクトの経緯や原則案の内容については、神田秀樹＝小塚荘一郎＝曽野裕夫「神田秀樹先生に聞く　デジタル資産と私法に関するUNIDOROITの原則案（上）・（下）」NBL1223号４頁以下（2022）、1225号18頁以下（2022）。

3点です【34】。論理構成としては、システム等によって事実上「支配がある」といえるほどの（物権的）権限が実現されている場合には、それを法的にも保護しますよ、という建てつけになっています。

（2）若干の検討

この「支配可能な電子的記録」の要件をみたすのは、現状ではブロックチェーンを応用した（広義の）暗号資産にほぼ限られます。そのため、バーチャル空間の場面にあてはめると、オンチェーンのNFT（オブジェクトの帰属関係を示す記録）については対象になるものの、オフチェーンのバーチャルオブジェクト（バーチャル空間で利用等するデータ自体）は対象外となるということになります。

UCCもユニドロワ原則も技術の発展可能性については配慮していますが、今後しばらくの間はこのような二元的な取扱いが中心になるのではないかと思われます。

2．日本における議論の状況

以上を前提に、NFTの物権的保護のあり方に関する近時の国内の議論を検討します。

（1）NFTに関する民法上の学説

まず、仏国法の学説を分析し、NFTについては、振替株式（ないし有価証券）の制度を類推適用して財産権的に保護することを検討すべきとする議論があります【35】。この見解は、NFTはそもそも代替性トークン（暗号通貨）が有する機能を拡張するものであるため、双方を同じ枠組みから評価すべきとします。

【34】　UCC§12-105（a）、ユニドロワ原則6参照。
【35】　原謙一「日本及びフランスにおけるNFT（非代替性トークン）の法的性質」横浜法学31巻1号300頁（2022）。

次に、独国法につき、替えの利かない一点モノであるNFTについては有体物に準じて取り扱うことができるため、物権法規定を類推適用してそのデータ所有権を保有者に認めようという学説が紹介されています【36】。この独国の見解は、代替性トークン（暗号通貨）は経済的価値そのものを表章するものにすぎず、物権的保護に親しまないと考えているからか、これをデータ所有権の対象から除外します。

さらに、日本法内在的な研究として、NFTについては、権利者が他の者の行為を媒介とせずに直接「物」の上に権利を行使することができるという性質（直接支配性）と、同一の物について矛盾する権利が両立しないという性質（排他性）が認められるので、少なくとも物権的権利を認め、物権法のルールを（類推）適用すべきであるとする議論もあります【37】。この見解は、所有権に限られない、物権的な保護の在り方を柔軟に模索することを主張するものといえます。

（2）若干の検討

ブロックチェーン上の記録であるNFTについて、物権的保護の対象とするという解釈は、妥当なものといえるでしょう。オープンメタバースにおける課題は、そのうえで、オンチェーンのNFTに対する権利とオフチェーンのデータに対する権利を区別し、さらに、これらを事態適合的かつより具体的に構成することです。

この点、本節で示した、バーチャルオブジェクトに対する権利としての（法主体のモノに対する愛着にも配慮しつつ、そのモノの有償譲渡をも認めうる）非独占型人役権という構成は、NFTに対する権利の物権的性質と、オブジェクトに対する権利の債権的性質を、比較的矛盾の少ないかたちで整理し融合させるものとして、穏当な選択肢で

【36】　原田弘隆「メタバース上のNFT化された仮想オブジェクトに対する『データ所有権』構想についての一考察」札幌大学研究紀要5号269頁以下（2023）。

【37】　大塚智見「NFTの私法上の性質とNFT取引の法律関係」千葉恵美子（編著）『デジタル化社会の進展と法のデザイン』575-576頁（商事法務、2023）。

あるように思われます。国際的な潮流を踏まえて国内法の整備などをする際に、単に現行の財産法や物権法を（類推）適用するということにとどまらず、その規定の不完備性に目を向け、より事態適合的な権益構成の具備を模索することにも、意義があるのではないでしょうか。

V．むすびにかえて

以上、本節では、バーチャルオブジェクトに対するユーザーの所有“感”を民法的に受けとめるにあたって、ヒトのモノに対する愛着に着目して関係者の利益を比較衡量することと、バーチャルオブジェクトに関するユーザーの権益を非独占型人役権と構成することの意義と課題について、理論的に検討してきました。いずれも試論的な考察にすぎないため、今後の研究に残された課題が多くあります。

私法上の保護に関して数千年の歴史を有する不動産や有体動産と比較すると、バーチャルオブジェクトに関する法的議論はまさに始まったばかりです。今後も、オブジェクトそのものやその利用のあり方に変容を迫る新たな技術が開発されることでしょうし、本問題に関する闊達な議論が引き続きなされることが期待されます。

（原稿受領日：2023年12月31日）

【第３節】
メタバースの開発・制作・利用における契約実務

関真也法律事務所　弁護士　関　真也

Ⅰ．はじめに

バーチャル空間を開発・実装し、そこでビジネスを行うためには、多くのプレイヤーが関与し、知的財産権の取扱い、消費者保護その他さまざまな法律上の問題を解決しながら契約関係を構築することになります。

便宜のため、後掲図表3-3-1を参考にしつつ具体例を設定してみましょう。たとえば、地方創生を目標に、各地の商店街をバーチャル空間上に作り上げるためのプラットフォームを運営しようとする事業者は、システム開発会社やコンテンツ制作会社に対し、その基幹システムの開発、そこで運用・利用されるバーチャル空間、アバター、アイテムその他のオブジェクトの制作、実装等を委託することがあります(図表3-3-1における❶❷)。また、そうして開発・運営されるプラットフォームでは、各地の名産品やデジタルアイテム等を販売するECストアを出店するなど、さまざまな事業者が、そのプラットフォームのシステムと連携して個別のサービスをバーチャル空間上に構築し（同❸)、これをユーザーに提供することがあります（同❹)。また、各ユーザーも、プラットフォームが提供するサービスを利用し、その規約等の取決めに従って（同❺)、デジタルアイテム等を他のユーザーに販売することがあります（同❻)。

本節では、これらの取引において実務上問題となりやすいポイントをいくつか取り上げて解説します。

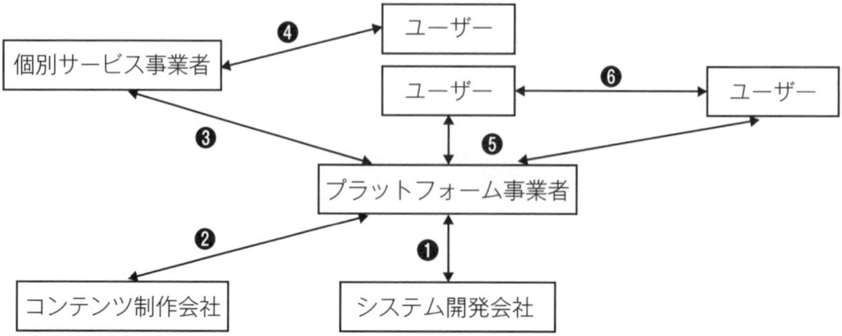

❶バーチャル空間のための基幹システム開発等の委託契約
❷バーチャル空間、アバター、アイテムその他のオブジェクトの制作、実装等の委託契約
❸サービス事業者がバーチャル空間を利用してユーザー向けサービスを提供する際のプラットフォームとの取決め
❹商品・サービスの提供に関するBtoC契約
❺バーチャル空間の利用に関するプラットフォーム・ユーザー間の取決め（利用規約等）
❻商品・サービスの提供に関するCtoC契約

図表3-3-1：バーチャル空間ビジネスのプレイヤーと契約関係（例）

Ⅱ．BtoBの契約処理（❶❷❸）

1．システム・コンテンツの開発・制作等に関する契約（❶❷）

（1）重要な視点：コミュニティ形成

メタバースビジネス成功の鍵として、「コミュニティ」というキーワードがよく聞かれるようになりました。

メタバースには、SNSに近い性質があるといわれることがあります。コミュニケーション、経済取引その他の社会的な活動を行う場であるメタバースは、そこに参加するユーザーや提供されるコンテンツその他の商品・サービスが豊富であればあるほど、さらにユーザーやサービスが集まり、自然と経済が循環するようになるのです。逆に、個別のサービス事業者が参入しにくく、ユーザーの需要を喚起する新サービスやキャンペーン等が適時かつ継続的に実施されないメタバースはやがて衰退するといわれます。営業を行う店舗やユーザーが少ないバーチャル商店街もいずれはシャッター通りのようになってしまい、地方創生という目標の達成は困難となるでしょう。バーチャル空間における各種活動の活性化のためには、プラットフォームだけでなく、個別のサービス事業者が集まって継続的に取組みを実施することが必要なのです。それにより、そこを繰り返し訪れるユーザーに愛着や帰属意識が芽生え、コミュニケーションが生じることによってファンコミュニティとなり、持続可能な経済圏が形成されるわけです。この点は、現実空間における経済活性化施策と変わりはないように思います。

基幹システム、バーチャル空間および各種オブジェクトの開発等に関する契約においても、メタバースにおける経済の好循環を作り出すべく、特定の限られた事業者に限定することなく、多種多様なサービス提供者の参入を促したり、一定の趣味・嗜好を同じくするユーザーによるコミュニティの形成を支援したりする環境を整えるという視点が重要になります【1】。

【1】 コミュニティ形成を促すため、一定のサービスを利用したりアイテムを保有したりするユーザーに対して特典を付与するなどの施策をとることが多い傾向にあるため、景品表示法をはじめとする広告・景品規制に注意を払う必要があります。この点は、賭博罪該当性の議論を含めて、NFTビジネスにおいて特に顕著であると思われます。

(2) システム関連の知的財産権の帰属等

多種多様な外部サービス事業者を広くメタバースへ参入させるためには、そのシステム等のソースコードを含む成果物の知的財産権をプラットフォーム事業者が保有し、外部サービス事業者に対してその利用を許諾したり開示したりできるようにしておくことが必要となる場合があります。そうしないと、外部サービス事業者がそのサービスをメタバースの基幹システム等に接続・連携することができないからです。

しかし、システム開発に関する一般的な契約実務では、他のプロジェクトにも転用が可能な汎用性のあるプログラム、ソースコード等に係る知的財産権はシステム開発会社に帰属させることも多いといえます。また、汎用性の有無にかかわらず、そのシステム開発に着手する前からシステム開発会社が保有する知的財産権についても、システム開発会社に留保する旨規定することも多いでしょう。これらシステム開発会社に知的財産権が帰属するソースコード等を外部サービス事業者に利用させたり開示したりすることができないとすれば、前述したコミュニティや経済の循環の形成を妨げる要因となるおそれがあります。したがって、プラットフォーム事業者としては、自社のサービスを他社のサービスと接続・連携できるようにするための条件を確認したうえで、必要に応じて、契約上の措置を検討することが求められます。検討事項の例として、汎用性があるプログラム等の成果物であっても、その知的財産権をプラットフォーム事業者に帰属させるか、または必要な利用等の許諾を得ることを検討することが考えられます。また、ソースコード等の必要な情報の開示を受け、外部サービス事業者と連携しやすくすることも重要です。

他方で、システム開発会社にとっては、汎用性のあるプログラム等の権利を自社に帰属させ、そのメタバースプロジェクトにおいて強い発言力・収益力を確保したり、他のプロジェクトでも自由に利用して事業の横展開をしやすくしたりすることが重要な戦略となります。

契約実務では、汎用性のある成果物等に係る知的財産権の取扱いをめぐり、委託料の額、プラットフォーム事業者に許諾される利用の方法、範囲、期間等の条件の面で折り合いをつけられるよう交渉することがよく行われます。

（3）競業避止

システムやコンテンツの開発等を巡る契約において典型的に見られる競業避止条項には、たとえば、提携または委託した事業と「同一または類似の事業を単独でまたは第三者と共同して行ってはならない」といった条項等があります。プラットフォーム事業者がこのような条項を受諾した場合、そのメタバースプラットフォームに外部事業者のサービスやコンテンツを導入するにはシステム開発会社等の契約相手方から承諾を得ることが必要となり、多様かつ活発な経済圏の形成にとって大きな支障となるおそれがあります。そこで、プラットフォーム事業者としては、競業避止条項を受け入れるとしても、プラットフォーム上で想定されるビジネスの内容等に応じ、外部サービス事業者等の参入に支障をきたさない範囲に限定した方が望ましいといえます。

他方、システム開発会社等としては、最初に構築する基幹システム等だけでなく、その後に追加・修正等を加えるシステム、コンテンツ等に関する業務も継続的に受注しやすくするために、プラットフォーム事業者側に競業避止義務を課したり、自社側に優先交渉権等を確保したりする動機があります。とりわけ、そのシステム開発会社等がコンテンツその他個別のサービスの制作等を担うこともできる場合や、そのバーチャル空間の構築、運営等について費用を負担しているなど強い利害関係を有している場合には、その必要性が高いといえます。委託料の額、費用負担の有無・割合等の諸条件とあわせて、双方の立場から検討すべき事項です。

経済圏の形成という観点から一般論としていえば、個別のコンテンツやサービスの制作・実装等に関する業務は一社に独占させにくい一方で、システム、インフラ等の深いレイヤーに関する業務は、特定の事業者との強い提携関係を構築しやすい領域であると考えられます。

（4）開発・制作工程に関する契約上の工夫

バーチャル空間ビジネスは発展途上にあり、システムやコンテンツの開発・制作等を発注する事業者においても、何が実現可能であり、どのような効果が期待できるのかなど根本的な部分で知識が不足しているケースも珍しくありません。

バーチャル空間を構築する業務は、(i) 仕様・要件定義の策定（そのための調査、コンサルティング等を含みます）、(ii) バーチャル空間の制作・プログラミング・実装、(iii) 個別のサービス、コンテンツ等の追加・修正といった手順で進行します。発注側は、バーチャル空間ビジネスの経験が少ない場合、１つひとつフェーズを区切り、フェーズごとにフィジビリティを検証し軌道修正をしながら次のフェーズの発注へと進むという開発・製作工程をとることを希望することがあります。受注側としては、最終工程まで一通りまとめて受注できた方が予算や人員の見立てがしやすいというメリットがあると思われますが、委託料その他の条件が合理的である限り、細かく工程を区切り、発注側と協議しながら開発を進め、手戻りを減らす開発手法（アジャイル開発）を採った方がよいケースもあるでしょう【2】。もっとも、フェーズごとに次のフェーズの発注へと進むかどうかを決める場合、受注側としては、あるフェーズでプロジェクト自体が中止となり、その後のフェーズで見込んでいた対価が得られなくなったり、そのフェーズまでに開発・制作した成果物をもとに他の競合他社に委託され、制作実績や知的財産その他の情報等の流出につながったりする

【2】　近畿経済産業局「『VR・AR等の先進的コンテンツを活用した取組実態及び知的財産権活用に関する調査』報告書」27頁（令和２年２月）参照。

リスクにも留意が必要です。この点は、契約が途中のフェーズで終了した場合における仕様書等に係る知的財産権の帰属、秘密保持等の条項において工夫が必要となります。

こうしたリスクも考慮して、(i) 委託料を固定額とするか、それとも人員・時間単価ベースその他の基準による変動制とするか、また、(ii) 全工程完了後の一括払いとするか、それともフェーズごとの支払いにするかなどを検討する必要があります。

（5）その他オブジェクトの権利処理に関する注意点

メタバースに持ち込まれるアバター、アイテムその他のあらゆるオブジェクトは、その多くが著作物として保護される可能性があります。そして、それらのオブジェクトは、他のオブジェクトと組み合わされたり、重ね合ったりするなどして、それ単体とは異なる見え方で表示されることになります。

したがって、プラットフォーム事業者としては、そのプラットフォーム上で想定されるさまざまな利用方法が、オブジェクトに係る著作権や同一性保持権等の侵害とならないよう配慮する必要があります。たとえば、アバターの衣服、アクセサリー等を変更することができる機能を搭載したプラットフォームでは、アバターや衣服等の翻案と、その翻案後のオブジェクトに関するさまざまな利用が可能となるように、そのアバターや衣服等に係る著作権の譲渡を受け、またはその利用の再許諾権付き許諾を受けるとともに、同一性保持権を含む著作者人格権を行使しない特約を定めることが重要となります。

2．個別サービス事業者との契約（❸）

（1）概　要

現状多くの場合、商品やサービスの提供に関してユーザーとの契約の当事者となるのは、個別のサービス事業者です。もっとも、一定の場合には、プラットフォーム事業者も、個別サービス事業者の行為に関し、ユーザーに対して責任を負う場合があります。プラットフォームと個別サービス事業者との契約では、これらのリスクを回避し、また、それが顕在化した場合における補償関係等を明らかにしておくのが望ましいといえます。

（２）名板貸責任

プラットフォーム事業者は、自己の商号を使用して営業を行うことを個別サービス事業者に許諾した場合、プラットフォーム事業者が当該営業を行うものと誤認して当該個別サービス事業者と取引をしたユーザーに対し、当該個別サービス事業者と連帯して、当該取引によって生じた債務を弁済する責任を負うとされています（商法14条および会社法９条参照）。また、商号の使用を許諾していなかったとしても、営業主体が当該プラットフォーム事業者であると誤認するのもやむを得ない外観を作出したことに関与した場合も、同様の結論になることがあります（最判平成７年11月30日民集49巻９号2972頁）。この最高裁判決は、スーパーマーケットの店舗のテナントとしてペットショップを営んでいた者が販売したインコが病気を保有していたため、購入者の家族が肺炎にかかり死亡したという事案において、その店舗の外部にスーパーマーケットの商標を表示した大きな看板が掲げられていたが、テナント名は表示されていなかったこと、店舗の内部においても、案内板や階段踊場の壁には「ペットショップ」とだけ表示されていて、その営業主体がどちらであるかは明らかにされていなかったこと等の事実から、買物客に対し、当該ペットショップの営業があたかもスーパーマーケットの営業の一部門であるかのような外観を与えたなどと述べ、旧商法23条（現行の商法14条および会社法９条に相当）の類推適用により、スーパーマーケットが、買物客とペットショップとの取引に関して責任を負うと判示しました。

バーチャル空間上の商店街や商業施設は、個別の店舗やテナントが個別サービス事業者となり、それぞれが店舗の外観・内装、商品、スタッフ等の3DCGモデルを制作してバーチャル空間内に構築することにより、ユーザーと取引を行うことがあります。また、バーチャル空間は、従来の２次元的なECサイト等とは異なり、現実空間におけるのと感覚的に変わりのない３次元的な体験として買い物をすることが可能となるため、公共スペースと個別の店舗スペースとの間に境目のない自然で一体的な空間を提供したくなることも多いでしょう。しかし、その場合には、プラットフォーム事業者が管理する領域と個別サービス事業者が管理する領域との区別が曖昧になり、後者の領域で提供されるサービス等もプラットフォーム事業者の営業に係るものであるとユーザーに誤認される可能性が高まると考えられます。プラットフォーム事業者としては、そのような誤認が生じることによって当該取引に係る責任を負わされることのないよう、個別サービス事業者自身の商号等を、ユーザーにとってわかりやすくその領域内に表示させること、利用規約や特定商取引法上の表記においても営業主体が個別サービス事業者であることを明らかにさせ、これらをユーザーにわかりやすく表示させること、場合によっては個別サービス事業者の領域に入る際にそこへ遷移することをユーザーに説明・確認する画面を挟むこと、その他誤認が生じるおそれのある表示をしないこと等を契約に定め、適時適切にモニタリングを行うなどの対応を検討するのがよいでしょう。

（3）その他の責任

前述した名板貸責任等に加えて、インターネットショッピングモール等のプラットフォーム事業者は、個別サービス事業者の行為が第三者に対する知的財産権侵害、詐欺・誇大広告その他の不正行為に該当

【3】 経済産業省「電子商取引及び情報財取引等に関する準則」92頁以下（令和４年４月）参照。

する場合に、それを知りながら放置したときは、それによって被害を受けたユーザー等に対して損害賠償その他の責任を負う可能性があります【3】。この点はメタバースプラットフォームにおいても同様であると考えられます。したがって、これらの不正行為があった場合に、プラットフォーム事業者の合理的な判断によってサービス停止その他の必要な措置を講じることができ、かつ、そうした措置をとったことについて損害賠償義務等が生じなることのないよう、契約上も対処しておくことが必要です。

Ⅲ．BtoC/CtoCの契約処理（❹❺❻）

1．概　要

メタバースでは、人物、建築物その他のあらゆる要素がアバターその他の3DCGモデルとして表現されるオブジェクトとなります。このため、これらデジタルコンテンツのデザイン、モデリング、プログラミング、実装等の創作活動を担う企業やクリエイターが果たす役割が極めて大きいものとなりますし、クリエイターが収入を得る巨大な新市場としても期待されています。

メタバースが個人クリエイターを含む創作者の活動によって形成される経済圏（クリエイターエコノミー）として発展するためには、(a)メタバース上に出品される創作物の権利が誰に帰属するのか、(b)誰が、どの範囲で、その創作物を利用することができるのか、(c)クリエイター等に対する収益還元がどのように行われるのかを整理し、これらを最適化する仕組みを構築していく必要があります【4】。

【4】　関真也「メタバースにおけるクリエイターエコノミーと著作権の処理〜オープンメタバースも見据えて〜」コピライト2022年12月号25頁参照。

2．権利帰属

現状のメタバースを含む多くのプラットフォームでは、メタバースにおいて出品されたアイテム等に係る著作権を出品者（サービス事業者またはユーザー）に帰属させているケースが多いと考えられます。通常、プラットフォームを運営するのに必要な範囲で利用許諾を得れば足りることに加えて、著作権自体をプラットフォームに帰属させると出品者はそのメタバースの外における利用についても制限を受けることになるため、そのプラットフォームに自分の創作物を投入することを躊躇してしまうおそれがあることが理由として挙げられるでしょう。

もっとも、数次にわたって派生的な創作物を作り出したり、それを販売したりすることも可能なプラットフォームでは、出品されたｎ次創作物に関与したクリエイターのうち誰が著作権を有するのかが不明確となり【5】、販売その他の利用について誰が提示した許諾条件に従わなければならず、また、誰に対して収益を還元しなければならないか等の対応が極めて複雑かつ曖昧になる可能性もあります。ｎ次創作を行う際に誰の許諾を得る必要があるのかが容易にわからないようでは、クリエイターも創作活動自体を控えてしまうおそれがあります。

【5】　原著作者が著作権法28条の権利を有するのは、原著作物の表現上の本質的な特徴が、二次的著作物（三次、四次以降の派生的な創作物を含みます）から直接感得することができる場合であると考えられますが、数次にわたる派生的な創作活動を経たｎ次創作物につき、その前のどの創作物までが「原著作物」と評価されるかは難しい判断が必要となります。

【6】　この場合、プラットフォーム事業者自身も、アイテムを購入したユーザーに対して利用許諾をする契約の当事者となり、直接に契約上の責任を負うことになる点にも留意して、ビジネススキームを設計する必要があります。グッズ化等の商業的な二次利用を行いクリエイターに収益還元をすることを目指す場合には、プラットフォームが一元的な窓口になるメリットは比較的大きくなりそうです。もっとも、著作権自体をプラットフォームに帰属させるほかに、幅広く創作・利用活動を可能とする再許諾権付きの許諾をプラットフォームに与えるなどの選択肢もありますので、クリエイターの意向も含めてよく検討する必要があります。

これらの問題を解決する一方策として、プラットフォームに権利を集約したうえで、プラットフォームが定める枠組みで、利用許諾や収益還元を一元的に処理するという考え方をとるのが合理的なケースも出てくるかもしれません【6】。

3．利用許諾の範囲

創作物を購入したユーザーによる当該創作物の利用範囲については、クリエイターがその創作物の出品時に設定した内容に従うとすること、プラットフォームが利用規約等において一律に定めること等の考え方があります。現状では、後者の考え方をとったうえで、そのプラットフォームにおいて提供されるサービス・機能の範囲内でその創作物を広く利用できるという建付けになっているケースが多いと思われます。前者の考え方をとる場合、クリエイターが設定した利用方法および条件を、他のユーザーによる購入時にわかりやすく表示し、クリエイターと当該ユーザーとの間の契約の内容として取り込まれるようにするUI設計を工夫する必要があります。

また、二次流通が可能なプラットフォームでは、クリエイターによる最初の出品時に設定された許諾範囲その他の条件を、二次流通以降の購入者に対しても同一の内容で表示し、契約の内容として取り込まれるようにするUI設計を工夫する必要があります。

さらに、他のユーザーが出品した創作物に基づく二次創作が可能なプラットフォームでは、一次創作者だけでなく二次創作者の意思をも許諾範囲に反映させるかを検討する必要があります。これを反映させる場合、二次創作物の利用に関しては、一次創作者が設定した利用条件の範囲内で、二次創作者がその範囲を限定し、最終的な許諾範囲を購入者に表示して契約の内容に取り込まれるようにする必要があります。数次にわたって翻案が行われた創作物の場合、許諾範囲を限定するプロセスも多くなるため、最終的な許諾範囲が狭くなりすぎる可能性も出てきます。そこで、プラットフォームにおける十分な利用が確保できるよう、最低限の許諾範囲を利用規約等で定めておく（それに同意できない者には二次創作ができない）ことも考えられます。

4．収益還元

一次創作者や二次創作者に対し、アイテム等の売上の一部を還元する場合、その割合等の条件を誰がどのように設定するのかを検討する必要があります。前述のとおり、n次創作物については、その前のどの段階の創作物まで原著作物（著作権法28条）といえるかは判断が難しい場合があります。この判断を厳密に行い、原著作物であると認められるものを創作したクリエイターに対してのみ収益還元を行うのか、それとも、プラットフォームまたは一次創作者が設定した内容に従って一律に処理するのか等の選択肢を検討する必要があるでしょう。

Ⅳ．おわりに

以上見てきたとおり、バーチャル空間ビジネスは最近になって急激に注目を集めたものではありますが、基本的には、従来インターネット上で提供されてきたサービスと同様の考え方に基づき、経済産業省の「電子商取引及び情報財取引等に関する準則」をはじめとした既存の枠組みを応用として検討すれば足りることが多いと考えられます。その中でも、バーチャル空間ビジネスにおいて特に焦点が当たりやすいであろうポイントに絞って取り上げ、解説しました。

「メタバース」、「NFT」等のように一括りにされやすい概念ではありますが、その具体的なスキーム、マネタイズポイントその他の内容はケースごとに全く異なり、それに応じて検討すべき法的課題も変わってくる点に注意が必要です。

（原稿受領日：2022年10月31日）

第４章

バーチャル空間のデータ保護

【第１節】

東京都の取組み：デジタルツイン実現プロジェクトを通じて

東京都デジタルサービス局　中村　友子[*]

Ⅰ．はじめに

１．デジタルツインとは

東京都は都政のクオリティ・オブ・サービス（以下「QOS」といいます）はじめ、ひいては都民のクオリティ・オブ・ライフ（以下「QOL」といいます）向上のため、さまざまな先端技術を積極的に導入しています。

本節では「東京都デジタルツイン実現プロジェクト」の概要について紹介します。なお、文中意見に係る部分については、小職の私見であることをあらかじめ申し添えます。

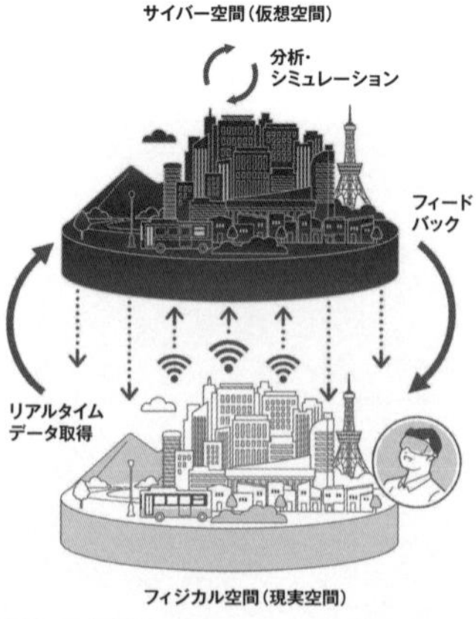

図表4-1-1：デジタルツインのイメージ

デジタルツインとは、図表4-1-1のイメージのように、建物や道路等のインフラ・経済活動・人の流れ等さまざまなフィジカル空間（現実空間）の要素を、サイバー空間（コンピュータやコンピュータネットワーク上の仮想空間）上に「双子（ツイン）」のように再現したものです。現実と連動したリアルタイム性と３Ｄ空間を活かした高度な分析やシミュレーションを現実にフィードバックすることで、より良き未来を導いていく「ツール」として社会実装を目指しているものです。

2．東京都がデジタルツインに取り組む意義

本プロジェクトを開始した2021年度より、学術系有識者を中心とした「東京都における『都市のデジタルツイン』社会実装に向けた検討会」において、８回にわたり東京都が取り組む意義について議論されました。

結論として「極めて多岐に渡る課題が集積している東京においては、社会基盤としてデジタルツインに中長期的に取り組むべき」との提言がなされました。加えて、他自治体への高い波及効果に対する期待や、国際都市間競争における優位性となりうる点についても言及されています。

欧米主要都市は積極的なデジタルツイン投資により社会実装を急いでいるものの、本格的に成功しメインストリームとなっている事例はいまだないと理解しています（中国各都市での事例は再現可能性の観点より除外）。つまりはデファクトスタンダード争いの最中であり、東京都も参戦しているということです。特に日本は災害大国でもあり、少なくとも防災分野においては世界をリードし、貢献していくことができると考えています。

*　執筆当時の所属

３．デジタルツインのゴールイメージと現在地

東京都デジタルツイン実現プロジェクトでは、2030年までのデジタルツイン実現をマイルストーンとして設定しています。到達目標としては、「注力分野（防災・まちづくり・モビリティ・環境・産業）でデジタルツインを活用している」状態を目指しています。社会実装への道筋を示した設計図がロードマップであり、デジタルツインの構成要素やユースケースとともに、都庁横断で議論を進めています。

図表4-1-2のとおり、社会実装に向けたステップとして、2030年度まで３つのフェーズに分けています。2022年度までを基盤構築のフェーズ１、デジタルツインの運用・利用拡大のフェーズ２、そしてデジタルツインの実現・高度化のフェーズ３としています。現在、フェーズ２に入ったところであり、運用および利用拡大には都庁内各局との協業が不可欠であり、ユースケース創出に向け日々議論を重ねています。

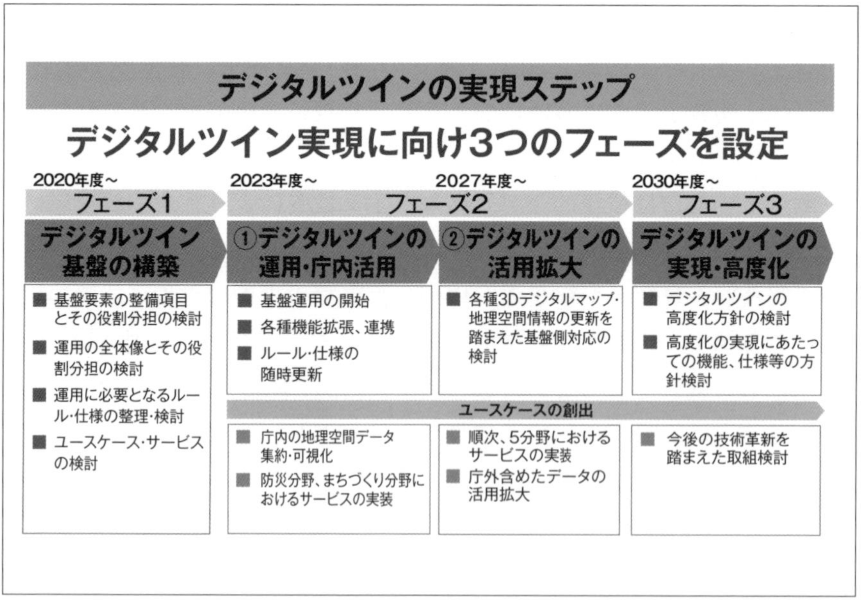

図表4-1-2：デジタルツイン実現プロジェクト概要

Ⅱ．デジタルツインに関する東京都の取組みと具体的な活用例の紹介

1．東京都の取組概要

デジタルツインの社会実装に向け、デジタルツイン庁内連携基盤の構築・運用、庁内データ連携検討を中心に取り組んでいます。加えて、最新技術を活用したユースケース創出に向けて、2023年度新たに有識者からなる「東京都における『都市のデジタルツイン』ユースケース創出に向けた検討会」を設置し外部意見を積極的に取り入れています。次項より具体的な内容（図表4-1-3）について説明していきます。

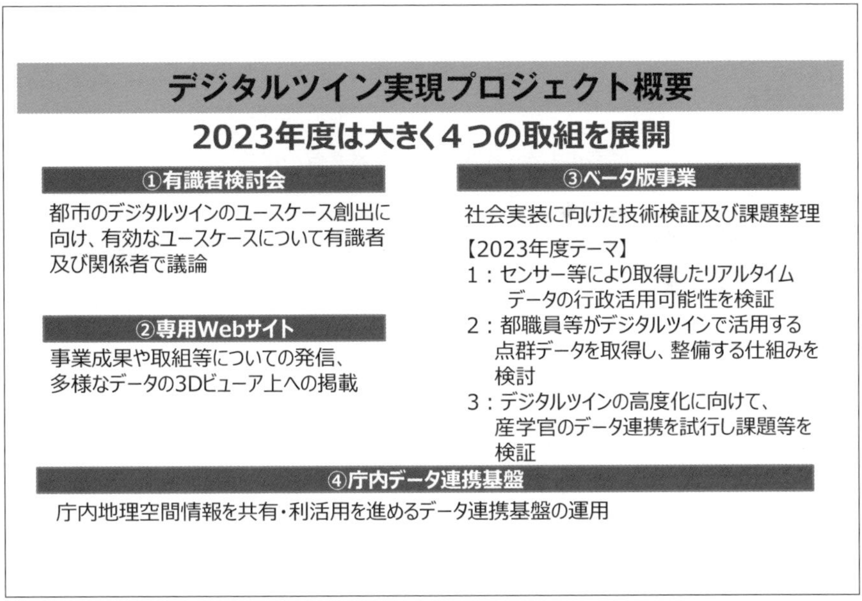

図表4-1-3：2023年度デジタルツイン実現プロジェクト概要

2．デジタルツイン庁内データ連携基盤の構築

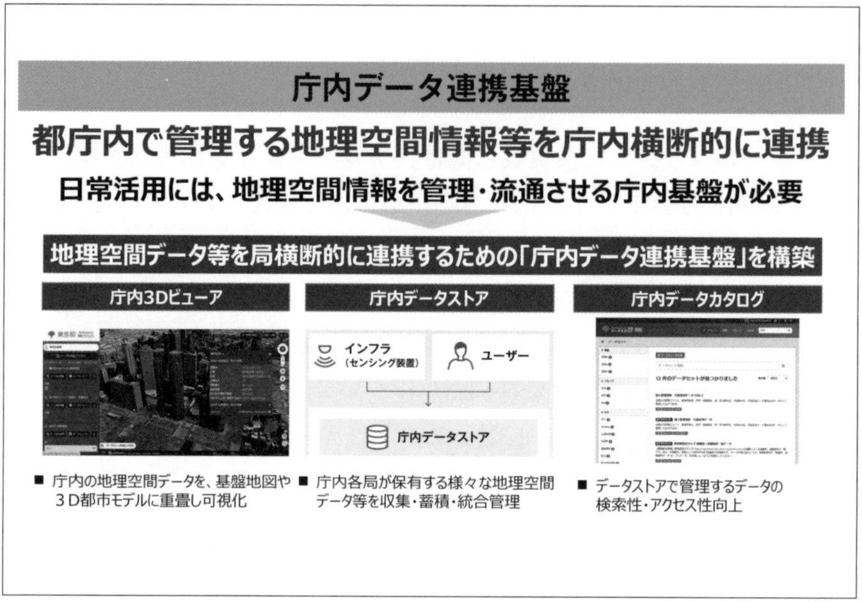

図表4-1-4：庁内データ連携基盤の構築

現在公開中のデジタルツインの３Ｄビューアは、すべて外部への公開が前提であり、オープンデータや公開済データの重畳が中心です。しかしながら、職員が日常業務に利用するためには、セキュアでクローズドな環境が各組織より求められました。ゆえに庁内だけでデータを共有する「庁内データ連携基盤」を構築し、運用を開始しました。機能としては図表4-1-4のようにデータを「共有する・探す・見える」機能を有しています。

3．具体的な取組み

デジタルツイン活用において最も大きな用途である「見える（可視化)」にまず取り組みました。組織ごとに分散していたさまざまな地理空間関連データを１つの場所に集め、さらにビューアで「見える化」しました。都庁は巨大組織であるがゆえに、役割分担が明確な、換言すれば組織ごとにデータがサイロ化している面もあり、各組織のデータを１か所に集めること自体が都庁内で初の取組みでした。図表4-1-5のように、都営バスのリアルタイム位置情報や点群データ、２Dデータに加え動画も重ねることができます。これまで自部門のデータや他部門のデータと一緒に見る機会がなく、そもそも共有する、利活用するという意識も低かったところです。可視化することで、自分たちのデータがこんなことに使えないか、他部門にこういうデータはないか、という相談も増えてきており、データに対する意識を変化させる１つのきっかけとなる、データ利活用の第一歩として、データの可視化がやはり重要であり有益だと実感した例です。

図表4-1-6は将来的な利用方法である「シミュレーション」です。防災対策を統括する部署において、デジタルツインを活用した水害シミュレーションの事業が進められています。従前に比べ地形などの精度が向上した各種データを活用したシミュレーションを実施し、可視化し、庁内訓練に活かしていく想定です。

日常管理における活用も検討が進んでいます。建設局においては、土石流対策や山岳道路の斜面点検等複数の事業検討が進められています。まずは、防災やまちづくり分野での活用が中心となっていますが、順次、モビリティ・環境・産業といった分野への展開も進めていく予定です。

図表4-1-5：組織を超えたデータ重畳例

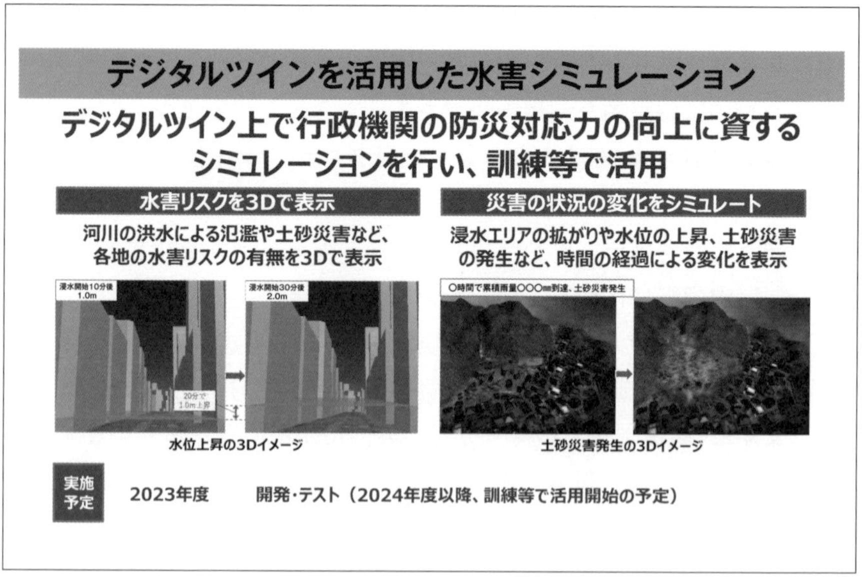

図表4-1-6：水害シミュレーション

4．新技術を活用したユースケース開発

新技術やデータについて調査し、ユースケース創出も平行して行っています。図表4-1-7のように衛星データの業務利活用可能性について検証をしました。具体的には、不適正盛土の監視や台風時の港湾施設の被害状況の把握可能性について担当組織とともにトライアルしました。「広域・定期的」な衛星データの特徴を生かしたユースケースは継続して検討をしています。

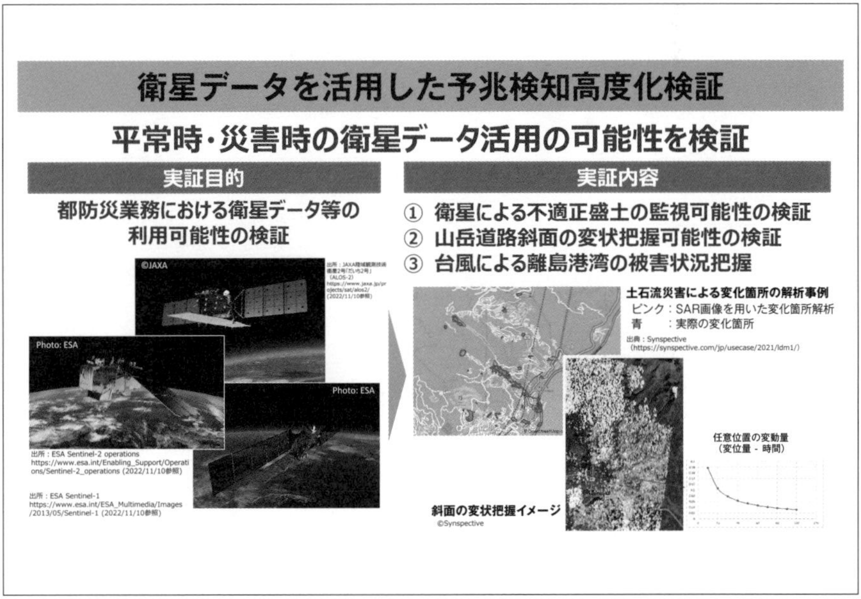

図表4-1-7：衛星データの活用可能性の検証（2022年度実証）

Ⅲ．取組みの中で感じた法的な課題

1．データ取得/加工/公開プロセスにおける留意点

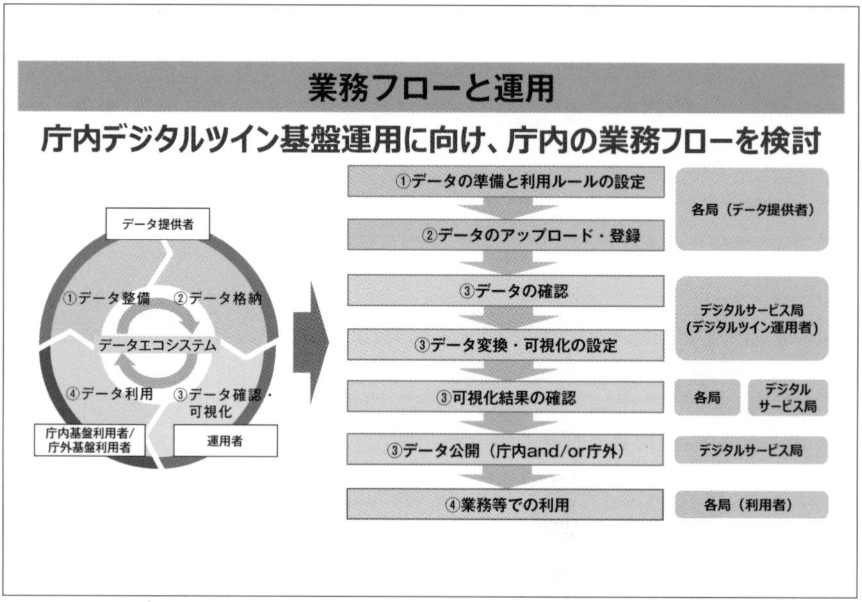

図表4-1-8：業務フローと運用

前述の基盤構築と並行して業務フローの明確化にも着手しました(図表4-1-8)。ツールとしての使いやすさと法的な課題に対する確実性の両立にまさに苦慮している段階です。というのも、先端技術を駆使した事業であるため判例もありません。国の各種ガイドラインも技術革新に追いつくべく協議している最中であり、懸念事項は1つひとつ確認しながら進めるしかないのです。爆速で社会実装していくためには、論点を国をはじめとした関係機関と共有することです。地道ですが一歩ずつ進めていくことが近道です。

図表4-1-9：点群データ取得・整備事業

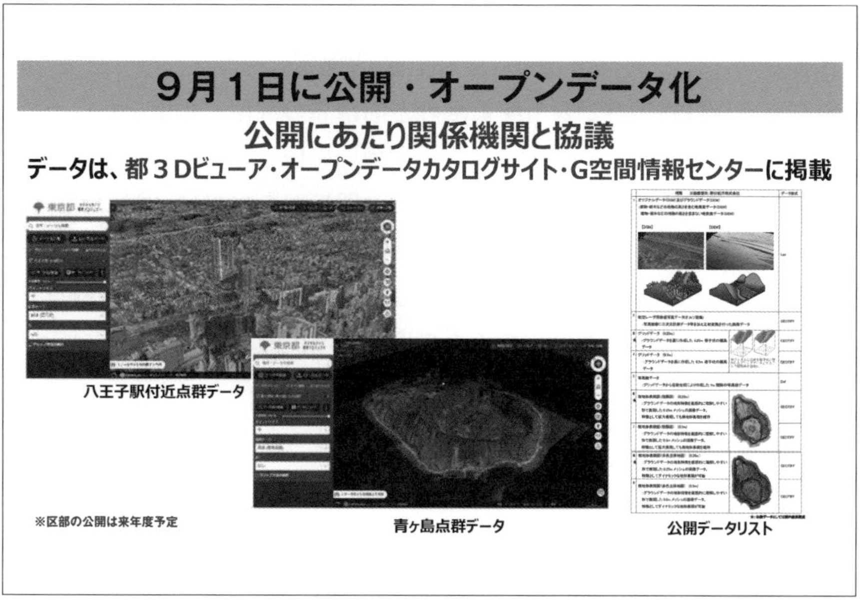

図表4-1-10：点群データの公開

関連事業として、都市整備局と連携し東京都全域の点群データ取得・整備事業も展開しています（図表4-1-9、4-1-10）。都庁内各局での活用を想定した事業ですが、行政ならではの広範囲・高精度のデータであり、可能な限りオープンデータ化したいと考えました。ここで問題になったのが、広域航空レーザー測量データおよび派生する加工データをオープンとするときに「どんな権利が存在し、誰にどう確認すればよいか」です。公開を検討していた2022年度には、有識者検討会で関係省庁も交えて議論し、論点整理を行いました。その後、2023年6月に内閣官房地理空間情報活用推進会議「地理空間情報の活用における個人情報の取扱いに関するガイドライン」が改訂され、「現在の測量技術により取得される点群データは、そのデータ単体で特定の個人を識別できる可能性は低いため、単体で個人情報に該当する可能性は低い」とされ、「ただし、点群データが単体では個人情報に該当しない場合でも、同時に取得するカメラ画像が個人情報に該当し、かつ、容易照合性を満たす場合は、点群データも個人情報に該当」という一定の基準が示されたことで、2023年9月公開へ速やかに進めることができました。なお、本ガイドラインは、「法的拘束力を伴うものではなく、あくまで行政機関等が保有する地理空間情報の利用・提供を行う上で望ましいと考えられる個人情報等の取扱いに関する標準的な考え方を整理した」ものであり、取得データの公開にあたっては、照会容易性（その他情報と合わせると個人認識が可能となるか）には十分留意して行っていきます。技術進歩と平行し議論を進めることで、時機を逸することなくデータを提供できた事例です。

図4-1-11：先進技術によるデータ取得例（変位計測）

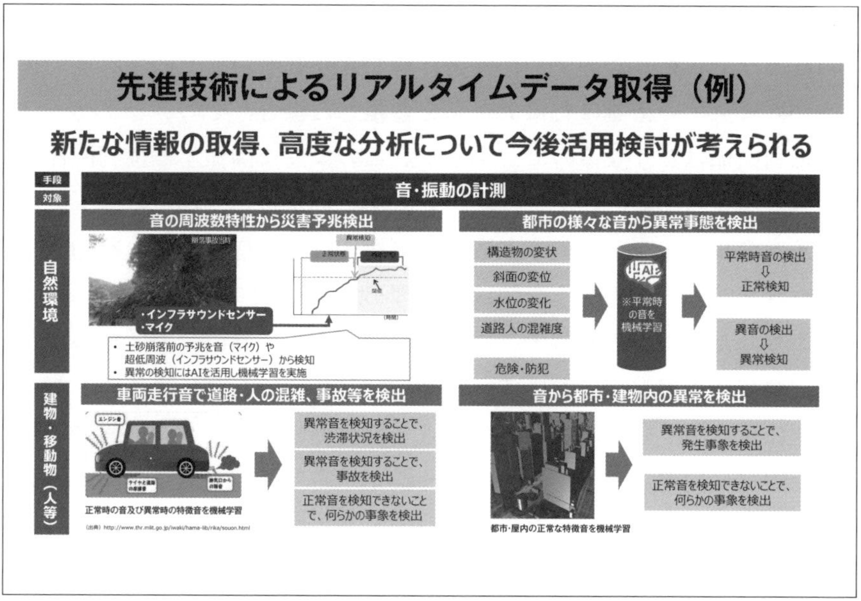

図4-1-12：先進技術によるデータ取得例（音・振動の計測）

今後取り組みたい分野として、変位や音・振動など、都市の今を反映する多様なリアルタイムデータの取得に向けたセンサーの活用があります。点群データと同様に、法的安全性の確認範囲が明確でない部分もあり、都度検証が必要です。「多様なリアルタイムデータは誰のものか」もまた考察の深まりを期待しています。

2．その他事業から得た留意点

2021年度、上野恩賜公園や上野動物園を東京藝術大学が東京都と連携して３Ｄスキャンした「デジタル上野の杜」プロジェクトを行いました。都立公園である園内には民間事業者や宗教法人施設も存在しています(データ取得時に事前許諾をいただいています)。本事例の場合、スキャンデータには誰のどのような権利が存在するのでしょうか。

加えて、都民参加型プロジェクトとして３Ｄスキャンデータを取得し、「デジタル上野の杜データ」に重畳しました。この場合の権利関係はどうなるのでしょうか。また、取得したデータを二次加工した場合はどうでしょうか。データに著作権が存在しないこととされていますが、有意といえるほどにデータを蓄積した場合、そのデータベースの権利関係はどうなるのでしょうか。このような関係する権利関係に留意しながら進めていくことが重要です。都が目指す都市のデジタルツインの規模になるとデータ取得・更新等は、多様な主体の参加が求められており、このような領域の整理・ガイドライン化が望まれます。

こうした「都市の複製・二次利用」の観点の議論は、内閣官房地理空間情報活用推進室において、知的財産関連（二次利用・オープンデータ化に係る論点）に関して、令和６年度以降に「地理空間情報の二次利用促進に関するガイドライン」を改正予定と伺っており、国の方針を踏まえ関係者等と意見交換をしながら進めていきたいと思っています。

3．法的な課題解決に向けた提言

デジタルツイン実現プロジェクトを進めるうえで法的ボトルネックとなっている点として「クリアすべき権利関係の明確化」があります。本節でも触れたとおり、先端技術とデータ精度向上に基づくアウトプットの多様化に法整備が追い付いていない面もあります。想定外の事例がある点を理解しつつも、各国都市間競争が激化している分野であり、速度も求められます。現場を有し現状を知る者として、関係者とともに協働しながら、適切な法整備とガイドライン制定が進んでいくよう期待しています。

（原稿受領日：2023年11月30日）

【第２節】

デジタルツインの文脈におけるデータの収集・利活用と権利処理に関わる課題と解決策

青山学院大学 地球社会共生学部　教授　古橋　大地

Ⅰ．はじめに

多様な人々が生活する都市をより住みやすく、より安心・安全な街にするためのまちづくりには、従来の２次元で展開されてきた伝統的地理空間情報から３次元のデジタル地図データへの転換が必要不可欠となってきています。この３次元地理空間情報として捉えた都市のデジタルツインを実現するためには、従来の都市計画基本図のような５年に１回の更新よりも高頻度でヒューマンスケールまで落とし込まれた高精度な都市のデジタイジングやスキャニングが必要不可欠です。そのためのデータの収集と利活用において権利処理に関わる課題はあるのでしょうか。

本節では、コロナ禍の大きなうねりの中で、急激に社会がデジタル化へ向かう2020年より国土交通省都市局が主導する３Ｄ都市モデルProject PLATEAUや東京都デジタルツイン実現プロジェクトの立上げに有識者として関わった当事者の目線で、現実の３次元都市空間をデジタル化する都市のデジタルツインを実現するために、データ収集と利用、その際のデータの権利処理について今までの有識者検討会でどのような議論が行われてきたのかまとめてみました。

Ⅱ. Googleストリートビューが投げかけた個人情報への課題

高精度な都市のスキャニング事例として真っ先に挙げられるのはGoogle社がサービス提供しているGoogleストリートビューです。最先端の地理空間情報サービスとしては大変有用で、従来の地図表現だけでは伝えきれなかった詳細な街の様子を360°パノラマ画像として提供するこのサービスの登場によって多くの人々が都市空間の移動において目的地までのナビゲーションがより正確になるなど多くのメリットがある反面、スキャニングデータに映り込む洗濯物やプライバシーに関わる課題も指摘され、2008年の日本国内でのサービス開始から４年後のGoogleストリートビュー事件判決（福岡高判平成24年７月13日判時2234号44頁）によって決着するまでに多くの議論を巻き起こしました。この判決は、公道での撮影時に私的事項が写り込んだ場合でも、画像が小さいなど写り込んだ物が具体的に何であるか判然としないときは、たとえそれが下着であったとしても受忍限度の範囲内であり、プライバシー侵害にはならないと判断しました。Google社も、撮影時のカメラの高さをサービスローンチ時の2.45mから一般的な人間の身長に合わせた2.05mに変更するとともに、顔やナンバープレートのぼかし等の匿名化措置をとることによってこの問題を解決し、今に至っています。現在はGoogle社だけでなく同様の360°スキャニングサービスをApple社はLook Aroundとして、Meta社はMapillaryとして展開するなど地上からの都市のスキャニングはすでに社会に浸透し始めています。

Ⅲ. ３次元点群としての都市のスキャニングは切り札か

都市のスキャニングで得られるデータは、Googleストリートビューのような MMS（Mobile Mapping System）によって計測される写真やLiDARスキャンのほか、人工衛星や航空機、ドローンといった上空からの計測と、スマートフォンにも実装が進んできた人間による地上LiDARスキャニングやフォトグラメトリ等まで、計測手法の多様化が進んでいます。特に複数の画像セットからフォトグラメトリ処理によって導き出せる３次元点群やLiDARセンサーによって計測された３次元点群データは、高解像度画像データと比較すると、写り込んだ情報によって特定の個人が識別しにくい点で個人情報該当可能性は低く、オープンデータとして公開しやすい特徴があります。また、著作権処理の観点においても、対象物を360°全体を忠実に再現する客観的な事実データといえるのであれば、スキャニングによって得られた画像等のデータは著作物に該当しないと考えることができます。

ただし、対象物が「建築物」の場合、多くは著作権法46条が定める権利制限の対象となり著作権の侵害にはならないものの、日本の著作権法における「建築」や「建築物」の範囲が定義されていない問題もあり、現実的なガイドラインの必要性が指摘されています。また、権利制限規定が適用される場合でも、同一性保持権は別途侵害の成否を検討する必要があるといわれています。３Ｄ都市モデルの生成・利活用の場面において、同一性保持権の例外となる「やむを得ないと認められる改変」（著作権法20条２項４号）に該当する場合がどこまで及ぶのか（たとえば、技術的な制約により生じてしまう改変がこれに該当するのか）等の問題があります。これについては、ニーズ・ユースケースに応じて類型化した実務的なガイドラインの策定を求める声があります。

Ⅳ. 写り込んだロゴや建物は商標権の侵害になるか

都市の３Ｄスキャニングを行うと、店舗の看板や広告等に描かれているロゴや商標が写り込むことがあります。また、ランドマークとして特徴的な建築物も立体商標として扱われることもありえます。この場合も、現実空間をスキャニングする過程で外観が写り込んだにすぎないことがすぐわかる状態で提供されており、そのロゴ等を見た人々が商品・サービスの提供元を誤解しないような場合には、商標権侵害は成立しないと考えられています。ただ、都市の３Ｄモデルは建物の外観だけではなく内側のインドアデータを整備することもあります（Project PLATEAUの場合、詳細度レベルLOD４にはインドアデータが定義可能です）。たとえば、実在する百貨店の内部レイアウトを再現する場合は、商標権や著作権等とは別の問題として、当該建物の管理者・所有者から承諾を得ることが望ましいと指摘されています。また、作成したデジタルツインデータをベースに仮想空間（メタバース）として展開し、そのメタバース空間内で商標を用いた取引が行われた場合は商標権の使用と扱われるため、適切な権利処理が必要となると考えられています。これはデジタルツインベースのメタバースに限らず、現実世界から切り離された独自の仮想空間（メタバース）上に商標登録された知的財産が組み合わされたオブジェクトが存在している場合も同様の権利処理が発生します。

V. デジタルツインデータを3Dプリンタで出力し販売してよいか

Project PLATEAUや東京都デジタルツイン実現プロジェクトが重要と考えているのは、デジタルツインデータはオープンであるべきだという考え方です。その軸となっているのがクリエイテイブ・コモンズライセンスのCC BY 4.0（表示4.0国際）ライセンスと互換性をもたせた政府標準利用規約第2.0版です。さらに多くの企業や組織が商用利用も含めて自由に利活用できるように、データベース権に最適化されたODbLやODC BYといった多様なオープンデータライセンスも選択可能なマルチライセンスとしても機能できるよう議論をしてきました。デジタルツイン3D都市モデルがこれからの社会をより良くしていくために、提供者の想像を超えるようなさまざまなユースケースを行政と民間と教育研究機関と市民が自発的に生み出していくエコシステムの構築がそのゴールといえます。

では、どこまで自由に利用してよいのでしょうか。たとえば、デジタルツインデータを3Dプリンタで出力し、販売することは許容されるでしょうか。こうした問いに対しては、街区として捉えた客観的な対象エリアとしての出力と、個別の建築物として切り取った出力でその判断が分かれてくるものと考えられます。特に問題と感じているのは後者の場合です。建築物も美術の要素の組合せであることから、「建築の著作物」のみならず「美術の著作物」にも該当するとする見解があります。このため、建築物をデジタルデータ化した3Dモデルをダウンロードしたり、3Dプリンタで出力して有償で提供したりする行為が、著作権法46条4号の権利制限を受けずに著作権侵害となる場合に当たるかについては解釈上議論が残されています。

Ⅵ．ガイドラインの必要性

ここまでの議論にあるように、オープンなデジタルツインデータを普及させていくために、さまざまな権利処理に関わる課題と向き合い、解決していく必要があります。2020年からのProject PLATEAUと東京都デジタルツイン実現プロジェクト有識者会議の中で、課題を具体化・整理し、侵害対象の範囲を明確にしながらも、どのように都市をスキャニングし、生成した３Ｄ都市モデルを利活用すべきなのか、そのガイドラインを明示することが重要です。本節の執筆中にも、「国土交通省都市局（2023）３Ｄ都市モデルの導入ガイダンス」などデジタルツインに関わる各方面からガイドラインの更新が進められています。これらのガイドラインが地方自治体やまちづくりに関わる関係者に普及することで、デジタルツインデータの収集・利活用が加速すると同時に、特定の目的と組織の縦割りによって硬直化した状況を打破し、不本意な権利侵害が避けられる社会を作ることが求められます。

Ⅶ．データ提供自治体側のためらいを払拭する

デジタルツインデータは都市のスキャニングだけでは整備できない自治体からの属性情報提供もまた重要になります。しかし、地方公共団体の条例や実情に照らし、個人情報に該当しうる情報については、利用目的、範囲、主体を明確にしたうえで適切に取り扱う必要があるため、各都市における３Ｄ都市モデルのオープンデータ化の取組みは、2020年度のProject PLATEAUを例にすると、一定程度進捗した一方、属性情報の項目によってはオープンデータ化に至らなかったものも多く、さまざまな課題が明らかとなりました（図表4-2-1）。特に建物属性においては全項目をオープン化できたものは約４割であり、全体の６割が一部属性非公開または全項目非公開という結果です。

具体的な事例を挙げてみましょう。たとえば、固定資産税台帳等か

ら取得される建物の用途、面積、築年数、階数等の属性情報は、原典データの利用目的・範囲等の制限を把握したうえで、関係部署と十分協議して利用する必要があることから、個人情報保護の観点を理由に公開に踏み切れないといった自治体担当者側の悩みも浮き彫りとなりました。このような事例からデジタルツインデータの収集と利活用に関するガイドラインは、民間企業のみならず、データ提供側の自治体担当者にとっても、その懸念を払拭するために必要不可欠であると言わざるを得ません。

そして、このような懸念の払拭のために、令和５年３月１日付で国土交通省都市局都市計画課長および都市政策課長より地方公共団体宛ての通知文「都市計画基礎調査のオープンデータ化に向けた土地利用現況及び建物利用現況の取り扱いについて」(国都計第184号・国都政第212号）が発行され、具体的なオープンデータ化の取組みのガイドラインとして通知されています。また、関連して国土交通省都市局と個人情報保護委員会事務局との協議結果についても整理され公開されています（図表4-2-2)。このような有用な各種ガイドラインにしっかり目を通して対応することで、デジタルツインデータのオープン化をすすめていくための課題を解決することは可能といえます。

<Project PLATEAU 3D都市モデル：建物属性情報のオープンデータ化状況>

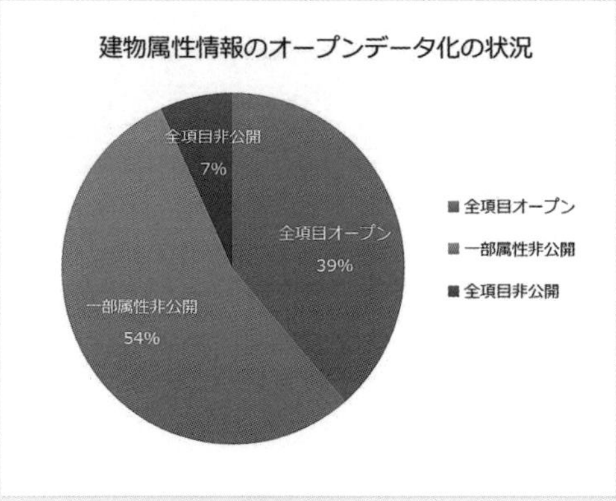

区　分	自治体数
全項目オープン	17
一部属性非公開	24
全項目非公開	3

- 上のグラフは、2020年度のProject Plateauが整備した3D都市モデルのうち、建物属性情報の公開状況を示している。
- 回答のあった44自治体のうち、「全項目オープンデータ化」が39%（17）、「一部属性非公開」が54%（24）、「全項目非公開」が7%（3）と、約4割の自治体が建物属性情報のフルオープンデータ化に同意しており、全項目非公開は、3自治体となった。
- 非公開となった項目とその理由をみていくと、建物用途、延床面積、築年数などの固定資産税台帳を出典としている項目が多く、非公開の理由いついても「個人情報保護の観点から課税情報に該当する恐れがあるため非公開」としている自治体が最も多い。
- 「住宅地図等と照らし合わせることで個人の特定につながる恐れがあるため」といった他のデータとの照合による個人特定可能性を懸念している地方公共団体もあった。
- また、「2021年に改訂される個人情報保護法の施行及び新しい審議会の意見を聴いてから判断」との意見もあった。

図表4-2-1：Project PLATEAU ３Ｄ都市モデル:建物属性情報のオープンデータ化状況【1】

【1】 ３Ｄ都市モデルの導入ガイダンス ver3.0、令和５年４月 発行 国土交通省 都市局 より引用。

<個人情報保護委員会事務局との協議結果（詳細）>

地方公共団体が作成する情報について、その情報のみで特定の個人を識別できる場合、あるいは他の情報と容易に照合することにより特定の個人を識別できる場合には当該情報は個人情報に該当することとなるが、**個人情報に該当する場合であっても適正な手続きを取ることでオープンデータ化が可能**

➡ **都市計画基礎調査に含まれる情報も、同様の取り扱いが必要**

■個人情報該当性について

- その情報のみで特定の個人を識別できる場合、個人の氏名等の特定の個人を識別できる情報は含まないが、作成主体である地方公共団体（作成に協力する市町村を含む）が持つ**他の情報と容易に照合することにより特定の個人を識別可能な場合には当該情報は個人情報に該当。**
(改正個人情報保護法第2条第1項)

➡ **都市計画基礎調査の結果(土地利用現況、建物利用現況の属性情報)は、個人情報に該当する場合がある**

■個人情報をオープンデータ化する場合の取り扱いについて

- 保有個人情報をオープンデータ化（第三者提供）するためには、**利用目的にオープンデータ化に関する事項が含まれていることが原則（改正個人情報保護法61条第1項）。このため、適切に利用目的を特定(変更を含む)する必要がある。**

➡ **都市計画基礎調査の利用目的にオープンデータ化を含める必要がある**

都市計画基礎調査の利用目的にオープンデータ化を含めることが可能である理由：
都市計画基礎調査の取扱いに係る条文規定があり、結果を広く公表することが求められているため

① 都市計画の決定・変更は、基礎調査に基づいて実施。
（都市計画法21条、20条）
② 都市計画の決定・変更に住民理解は重要な要素。公聴会・説明会や公告縦覧等の情報提供の手続により、計画の必要性、妥当性を説明することが求められている。**（都市計画法16条、17条）**

➢ 都市計画基礎調査の目的は、都市の現況及び将来の見通しを定期的に把握し、データに基づき都市計画の妥当性を示すもの。

➢ **都市計画基礎調査の公開（オープンデータ化）は、都市計画の住民への周知や理解の増進に有効な手段。**

■公表に当たっての適正な手続き

✓ 個人情報保護法の規定に基づき、利用目的を特定し、個人情報ファイルの利用目的の個人情報ファイル簿への記載を行う。

✓ 作成した個人情報ファイル簿は原則として事務所備付やHP掲載により公表する。

➡ **都市計画基礎調査についても利用目的の特定(オープンデータ化を含めるなど)を行い、要件を満たす場合には、個人情報ファイル簿を作成・公表する必要がある**

■留意点

✓ 個人情報を取り扱うため、個人の権利利益やプライバシーにも配慮する必要がある。

➡ 都市計画基礎調査の該当例：**建物利用現況における空家情報**

✓ 個人情報保護法の運用については、個人情報保護委員会が定めるガイドライン等を参照。

図表4-2-2：国土交通省都市局と個人情報保護委員会事務局との協議結果[2]

【2】　3D都市モデルの導入ガイダンス ver3.0、令和５年３月 発行 国土交通省 都市局 より引用。

<個人情報ファイル簿　記載例>

主な項目の記載例は以下のとおり。
（記載例：公表資料、建築確認申請書類等の内部資料、現地踏査により調査実施した場合）

①個人情報ファイルの名称
・○○県都市計画基礎調査ファイル、○○県○○市都市計画基礎調査ファイル

②個人情報ファイルの利用目的
・都市における人口、産業、土地利用、交通などの現況及び将来の見通しを定期的に把握し、客観的・定量的なデータに基づいた都市計画の運用を行う。
・都市計画の妥当性についての説明責任を果たすため、調査結果を公表（オープンデータ化）する。

③記録項目
人口（人口規模、将来人口等）産業（産業・職業分類別就業者数等）土地利用（区域区分の状況、土地利用現況（位置、用途、面積、低未利用土地）等）、建物（建物利用現況（用途、階数、構造、建築面積、延床面積、建築年、耐火構造種別、高さ、空家）、大規模小売店舗等の立地状況等）、都市施設（都市施設の位置・内容等）、交通（主要な幹線の断面交通量・混雑度・旅行速度、自動車流動量等）、地価（地価の状況）、自然的環境等（地形・水系・地質条件、気象状況等）、災害（災害の発生状況、防災施設の位置及び整備の状況）、その他（観光の状況、景観・歴史資源等の状況等）

④ 記録範囲
・都市計画基礎調査の調査対象区域内の建物居住者や土地・建物権利者等

⑤ 記録情報の収集方法
・公表資料（国勢調査、経済センサス、国土数値情報、農林業センサス等）及び庁内資料（都市計画図書、建築確認申請書類等）、現地踏査により収集

⑥ 記録情報の経常的提供先
・○○県○○部都市計画課、○○市○○部都市計画課
・調査結果を公表(オープンデータ化) する○○県ホームページ及びG空間情報センターの閲覧者等

個人情報の保護に関する法律についての事務対応ガイド（行政機関等向け）

<標準様式第1−5>　個人情報ファイル簿（単票）（地方公共団体の機関及び地方独立行政法人）

①	個人情報ファイルの名称	
	行政機関等の名称	
	個人情報ファイルが利用に供される事務をつかさどる組織の名称	
②	個人情報ファイルの利用目的	
③	記録項目	
④	記録範囲	
⑤	記録情報の収集方法	
	要配慮個人情報が含まれるときは、その旨	
⑥	記録情報の経常的提供先	
	開示請求等を受理する組織の名称及び所在地	（名　称）
		（所在地）
	訂正及び利用停止に関する他の法令の規定による特別の手続等	

参照：「個人情報の保護に関する法律についての事務対応ガイド（行政機関等向け）」
https://www.ppc.go.jp/files/pdf/220428_koutekibumon_jimutaiou_guide.pdf
「都市計画基礎調査実施要領(第4版)」
https://www.mlit.go.jp/toshi/tosiko/content/001407542.pdf

図表4-2-2：国土交通省都市局と個人情報保護委員会事務局との協議結果[2]

（原稿受領日：2024年１月15日）

【第３節】
データ利活用に関わる法律および契約実務

弁護士法人NEX　弁護士　渡邉　遼太郎

Ⅰ．はじめに

AI、IoT、ビッグデータ等の技術革新を背景に、データが企業の競争力の源泉としての価値を増して久しく、現在では、あらゆる企業で、データの利活用やデジタル・トランスフォーメーション（DX）が重要課題として認識されています。また、政府主導で、サイバー空間とフィジカル空間を高度に融合させたシステムにより実現される人間中心の社会である「Society5.0」が提唱される中、近時では、「Society5.0」を実現する技術として、デジタルツインが活用され始める等、デジタル技術の活用はさらに進展しています。本節では、このような状況を踏まえ、データ利活用の留意点や、収集したデータの有効な活用のための保護について検討します。

Ⅱ．データ利活用の留意点

1．総　論

「データ」と一口にいっても、機械の稼働状況等の事実に関するデータや、著作権法（以下「著作」ということがあります）上の「著作物」にあたるデータ、不正競争防止法（以下「不競法」といいます）上の「営業秘密」や「限定提供データ」にあたるデータ、個人情報保護法（以下「個情法」といいます）上の「個人情報」等にあたるデータ、契約により利用が制限されるデータ等その性質はさまざまです。また、「利活用」といっても、データの作成、収集・取得、保管、利用・加工、提供・開示、公開等、その活用方法はさまざまですし、その活用の目的もさまざまと考えられます。データ利活用の際には、このようなデータの性質、活用方法、活用目的等を整理したうえで、法律上・契約上どのような課題があるか、課題を乗り越えるためにどのような整理・対応をとることができるかを検討することが必要です。筆者の能力や紙幅の関係上、あらゆるデータ利活用の場面を想定し、その留意点を網羅的に整理・検討することは困難ですので、以下では、主にデジタルツインにより現実環境をデジタルに再現する場面を想定し、その留意点等を検討します。

なお、再現の対象となる建物、物品等に係る著作権、意匠権その他の知的財産権の問題については、第２章の各節をご参照ください。

２．デジタルツインとは

デジタルツインとは、センサー等から取得したデータをもとに、建物や道路等のインフラ、経済活動、人の流れ等、さまざまな要素を、サイバー空間上に「双子（ツイン）」のように再現したものと定義され、その効用としては、たとえば、①現実環境の都市の状況がサイバー空間上でリアルタイムに把握可能になること、②最新・リアルタイムのデータを利用した分析・シミュレーションが自由に行えるようになること、③可視化、分析・シミュレーションの結果を現実環境にフィードバックすることでさまざまな用途でデータを活用できるようになることが挙げられます【1】。

【1】 東京都「デジタルツインの社会実装に向けたロードマップ初版」（2022年３月）１、14頁。

現在では、たとえば、都市開発やインフラの維持管理、災害対策等のために都市をデジタルに再現することや、製品の製造工程の効率化、異常事態の把握等のために工場等をデジタルに再現すること等が実現されています。

3．個人に関連するデータ

（1）はじめに

たとえば、都市のデジタルツインで、個人の顔・容貌を撮影・録画等する場合や、工場のデジタルツインで、機械の稼働状況のデータを取得するにあたり、当該機械を操作する者の位置状況を取得する場合も考えられます。これらの個人に関連するデータを取得する場合の留意点を検討します。

（2）個情法上の留意点

「個人情報」とは、「生存する個人に関する情報」で、「当該情報に含まれる氏名、生年月日その他の記述等…により特定の個人を識別することができるもの（他の情報と容易に照合することができ、それにより特定の個人を識別することができることとなるものを含む。）」か「個人識別符号が含まれるもの」をいいます（個情法２条１項各号）。たとえば、本人の氏名や本人が判別できる映像情報等は「特定の個人を識別することができるもの」に該当しますし[2]、「顔の骨格及び皮膚の色並びに目、鼻、口その他の顔の部位の位置及び形状によって定まる容貌」（個人情報の保護に関する法律施行令（以下「施行令」といいます）１条１号ロ）や「歩行の際の姿勢及び両腕の動作、歩幅そ

【2】　個人情報保護委員会「個人情報の保護に関する法律についてのガイドライン（通則編）」（2023年12月一部改正）５頁。

の他の歩行の態様」（施行令１条１号ホ）は「個人識別符号」にあたります。位置情報は、一般的に、それのみでは個人情報に該当しないものの、個人に関する位置情報が連続的に蓄積されるなどして特定の個人を識別できる場合は、個人情報に該当すると考えられています【3】。個人情報等を利用等する場合、利用目的による取扱いの制限や（個情法18条）、第三者提供の制限（個情法27条１項柱書）等、その取扱いに規制を受けることになります。

このため、個人に関する情報を取り扱う場合、デジタルツインの目的も踏まえ、個人情報等の個情法上規制の対象となる情報を取り扱うことを前提に規制を遵守するか、個人情報等の個情法上規制の対象となる情報を取り扱わないようにするといった対応が求められます。たとえば、都市のデジタルツインで、災害対策等のために人の流れに関する情報を取得する場合は、特定の個人を識別する必要はないと考えられますので、シルエット画像に置き換えて作成した移動軌跡データ（人流データ）のみを取り扱うこととし、個人情報等を取り扱わないこととすることが考えられます【4】。また、機器の稼働状況のデータは、それのみでは「生存する個人に関する情報」に該当しないと考えられますが、併せて、当該機器の運転者の位置情報を取得していると考えられる場合において、個人に関する位置情報が連続的に蓄積されるなどして特定の個人を識別できるときは個人情報に該当しますので【5】、個人情報を取り扱っていないと整理できるよう、デジタルツインの目的も踏まえ、機器の稼働状況のデータと当該機器の運転者の情報を紐づけないようにするなどの工夫が必要と考えられます【6】。

【3】　個人情報保護委員会・前掲注２）22頁。

【4】　個人情報保護委員会「「個人情報の保護に関する法律についてのガイドライン」に関するＱ＆Ａ」（2023年12月25日更新）Q1-12。

【5】　個人情報保護委員会・前掲注２）22頁。

【6】　なお、位置情報は、特定の個人との対応関係が排斥されていない場合には、「個人情報」にあたらなくても、「個人関連情報」（個情法２条７項）には該当すると考えられますので（個人情報保護委員会・前掲注２）22頁参照）、個人関連情報に関する規制（個情法31条）にも留意が必要です。

（3）プライバシー権・肖像権の留意点

デジタルツインの実現にあたり、個人の私的事項や容ぼう[7]を撮影、利用する場合は、プライバシー権[8]や肖像権[9]の侵害が問題となりえます。プライバシー権との関係では、インターネット上で提供される「ストリートビュー」サービスでベランダに干していた洗濯物が撮影・公表されたことが問題となった事案で、「撮影行為が違法となるか否かの判断においては、被撮影者の私生活上の平穏の利益の侵害が、社会生活上受忍の限度を超えるものといえるかどうかが判断基準とされる」と判示したうえで、①画像からベランダに掛けられている物が判然としないこと、②一般に公道で写真・画像を撮影する際には、私的事項が写真に写り込むこともありえるものの、一定程度は社会的に容認されていること等を踏まえ、受忍限度の範囲内であるとして、プライバシー権侵害を否定した裁判例があります[10]。

たとえば、都市のデータを撮影等により網羅的に取得する場合、その過程で、個人の私的事項や容ぼう等を意図せず撮影することになる場合も考えられます。その場合でも、プライバシー権等の侵害にあたらないと整理できるよう、公道からの撮影にとどめるなどの配慮を行うことが必要です。また、個人の私的事項や容ぼう等を撮影した場合でも、デジタルツインを行う目的との関係で、それらのデータを利用する必要がないときは、データを加工等し、データの利用局面ではこ

【7】 なお、取得した個人の容ぼうのデータが、本人を判別することができる映像データといえる場合、当該データは「個人情報」に該当しますので、個情法上の規制にも留意が必要です。

【8】 東京高判平成13年2月15日判タ1061号289頁は、「私人が、その意に反して、自らの私生活における精神的平穏を害するような事実を公表されることのない利益（プライバシー）は、いわゆる人格権として法的保護の対象となる」と判示しています。

【9】 最大判昭和44年12月24日刑集23巻12号1625頁は、「これを肖像権と称するかどうかは別として」としつつ、「個人の私生活上の自由の一つとして、何人も、その承諾なしに、みだりにその容ぼう・姿態……を撮影されない自由」を認めています。

【10】 福岡高判平成24年7月13日判時2259号138頁。

れらのデータが含まれないようにすることが考えられます。

4．他者が取得したデータを利用する場合の留意点

デジタルツインを実現するには、膨大なデータが必要となり、すべてのデータを自ら収集することは困難です。そこで、他者がすでに取得・保有するデータを提供してもらうことも考えられます。

この場合、権利処理が未了なデータの提供を受けると、自らも何らかの権利侵害に問われる可能性があります。そこで、提供を受けるデータ自体や当該データの取得・提供にあたり、第三者の知的財産権等の侵害がないことや、個人情報を含まないこと、個人情報を含む場合は個情法上必要な手続きが履践されていること等について確認をしたり、表明保証を求めたりすることが考えられます。また、データ提供者自身の知的財産権については、著作権法27条・28条に定める権利を含む著作権の譲渡や利用許諾、著作者人格権の不行使、その他知的財産権等に関する権利の譲渡・実施（利用）許諾や不行使について、合意しておくことが考えられます。

また、デジタルツインの目的との関係で必要なデータの利用方法を許諾してもらうことも必要です。たとえば、取得したデータを加工等しさらに別の他者への提供を検討している場合、提供者との契約で第三者提供が禁止されていると、データを取得できても目的を達成できない場合があります（目的を達成しようとすると契約違反に問われる可能性があります）。このような事態が生じないよう、どのような契約条件を獲得する必要があるかを整理のうえ、契約交渉に臨むことが必要です。

Ⅲ．データの有効な活用のための保護

１．総　論

自ら収集し、または他者から提供を受けたデータを有効に活用するには、当該データに対する一定の保護を確保することが重要な場合もあります。日本の法制上、データには所有権が発生しないとの理解が一般的ですので（民法206条、85条）、所有権による保護は期待できません。著作権法による保護の可能性は考えられますが、デジタルツインで活用が期待される人流データや機械の稼働データ等の事実に関するデータは、「思想又は感情を…表現したもの」にあたらず（著作２条１項１号）、著作物にあたりません。また、再現の対象となる個々の物が著作物に該当する場合でも、当該著作物の著作権は個々の著作物の著作者に帰属し、デジタルツイン実現のためにデータの収集を行う者には著作権が発生しません。さらに、データの収集を行う者が、たとえば、デジタルツインの実現のために、３Ｄデータを作成する場合、一定の加工を行うのであれば当該加工したデータが著作物として保護される可能性も指摘されますが、現実にある物をスキャンして３Ｄデータを作成する場合は、著作権等による保護は生じないと考えられています【11】。以上のように、デジタルツインのためにデータの収集をする者が（通常の）著作権により保護される場合も限られると考えられます。

そこで、以下では、デジタルツインのためにデータの収集をする者が当該データに一定の保護を及ぼしたい場合に活用が期待される、①データベースの著作物（著作12条の２第１項）、②営業秘密（不競法２条６項）、③限定提供データ（不競法２条７項）、④契約による保護

【11】 知的財産戦略本部 検証・評価・企画委員会 次世代知財システム検討委員会「次世代知財システム検討委員会 報告書」（2016年４月）33～34頁。

について検討します。

2．データベースの著作物

「データベースの著作物」とは、「情報の集合物であつて、それらの情報を電子計算機を用いて検索することができるように体系的に構成したもの」(「データベース」) で「その情報の選択又は体系的な構成によつて創作性を有するもの」をいいます（著作２条１項10号の３、同法12条の２第１項)。データベースの著作物は、その素材自体は著作物である必要はありませんので、事実のデータをデータベースとする場合でもこれに該当しえます。また、データベースの著作物の著作者は、情報の選択や情報の体系的な構成をした者ですので、データを収集した者に著作権が認められます。これらの点で、データベースの著作物は、データを収集する者が当該データを保護したいときに活用を期待できる制度といえます。

もっとも、データベースの著作物の創作性は、その機能的な著作物としての側面から、通常されるべき情報の選択や体系的な構成がされているにすぎない場合や他に同様の情報の選択や体系的な構成がされているデータベースがある場合は否定される傾向にあり【12】、また情報を網羅的に収集するデータベースも創作性が認められないと考えられています【13】。さらに、データベースの著作物について著作権侵害が認められるには、創作性のある情報の選択や体系的な構成部分が利用される必要があり、たとえば、情報の体系的な構成に創作性が認められるデータベースの著作物について、その体系的な構成は利用せず、データベースに含まれるデータのみを抜き出して利用する行為は、データベースの著作物を侵害しないと考えられています。

【12】 東京地判平成13年５月25日判時1774号132頁。

【13】 東京地判平成22年12月21日（平成22年（ワ）第12322号)、中山信弘『著作権法（第４版)』(有斐閣、2023) 173頁。

たとえば、機械設備の保守点検の効率化のためにデジタルツインを活用する場合、現実環境をより忠実に再現するために、網羅的にデータを収集すると情報の選択に創作性が認められにくくなると考えられます。一方、網羅的に収集したデータの中から異常値の除外や重要なデータの選択等を行ったうえで作成されたデータベースには、情報の選択に創作性が認められる可能性があると考えられます。また、たとえば、収集したデータを、その項目ごとに時系列に整理する場合は、通常されるべき選択がされているにすぎず、情報の体系的な構成に創作性は認められにくいと考えられますが、個々の情報に（ありふれたものとはいえない）アノテーションを付する場合は、情報の体系的な構成に創作性が認められる場合もあると考えられます【14】。

3．営業秘密

「営業秘密」とは、「秘密として管理されている生産方法、販売方法その他の事業活動に有用な技術上又は営業上の情報であって、公然と知られていないもの」をいい（不競法２条６項）、営業秘密に対し、一定の不正競争を行うと、差止請求等の対象となります。営業秘密は、①秘密管理性、②有用性、③非公知性を満たした情報であれば、事実に関するデータ等情報の性質に関係なくあらゆる情報を保護の対象とします【15】。また、営業秘密に対する侵害行為があった場合、「営業上の利益を有する者」として、データを収集し、営業秘密として管理する営業秘密保有者が、差止請求権等を行使することが可能です（不競法３条等）。これらの点で、営業秘密は、データを収集する者が当該データを保護したいときに活用が期待できる制度といえます。

【14】 たとえば、新たな知財制度上の課題に関する研究会「新たな知財制度上の課題に関する研究会報告書」（2022年２月）16頁参照。

【15】 もっとも、公害情報等の公序良俗に反する情報は、②有用性が認められず、「営業秘密」にあたりません（経済産業省「営業秘密管理指針」（最終改訂:2019年１月23日）16頁）。

工場をデジタルツインとして再現する場合、工場内の機器の配置も営業秘密として保護される可能性があります[16]。たとえば、工場に不法に侵入した者や工場への立入りを許可されている従業員・取引先等が、工場の管理者に無断で工場を撮影等することで、工場内の機器の配置状況をデジタルに再現したり、工場の機器にセンサーを設置してデータを取得したりする場合は、営業秘密侵害に該当する可能性があります（不競法２条１項４号、同項７号）。

なお、工場の管理者が、自らまたは第三者に委託して、営業秘密として管理する工場内の機器の配置状況をデジタルに再現する場合、現実環境にある工場のみではなく、デジタルに再現した工場内の機器の配置状況にも、秘密管理措置を講じなければ、秘密管理性を喪失する可能性があります[17]。デジタルに再現した工場内の機器の配置状況については、当該データにアクセスできる者を制限する、アクセスできる者との間で秘密保持契約を締結するなどの秘密管理措置を講じることが必要です。また、たとえば、機械の稼働状況のデータ等を新たに収集する場合に、当該データを保護したいときは、これらも秘密として管理することで営業秘密として保護することが有用です。この際、機械の稼働状況のデータを取得するために、他社にセンサーの設置・データの収集を委託する場合は、当該者との間で秘密保持契約を締結するなどすることで、秘密管理性を確保することが必要です。

4．限定提供データ

「限定提供データ」とは、「業として特定の者に提供する情報として電磁的方法（…）により相当量蓄積され、及び管理されている技術上又は営業上の情報（秘密として管理されているものを除く）」をいいま

【16】　経済産業省・前掲注15）12頁参照。
【17】　経済産業省・前掲注15）13頁参照。

す（不競法２条７項）[18]。2019年に新設された制度ですが、主にデータを商品として販売する場合や、コンソーシアムを組織するなどしてデータを複数社間で提供・共有するときに活用が想定される制度です。限定提供データは、①限定提供性、②相当量蓄積性、③電磁的管理性、④技術上または営業上の情報、⑤非秘密管理性を満たしたデータであれば、事実のデータ等情報の性質に関係なくあらゆる情報が保護の対象となります[19]。また、限定提供データに対し侵害行為がされた場合は、「営業上の利益を有する者」として、データを収集し、限定提供データとして管理する限定提供データ保有者が、差止請求権等を行使することが可能です（不競法３条等）。これらの点で、限定提供データは、データを収集した者が当該データを保護したいときに、活用が期待できる制度といえます。なお、「無償で公衆に利用可能となっている情報と同一の限定提供データ」は、不競法上の保護を受けることができませんので（不競法19条１項８号ロ）[20]、留意が必要です。

たとえば、ある商品を販売する複数社間で、取得したデータを利用して当該商品の耐久性の改良等に取り組む場合のように、多種類のデータを取得する必要があるときは、複数社がコンソーシアムを組んでそれぞれが取得したデータを互いに共有することがあります。このような場面で、限定提供データを活用することが有用ではないかと考えられます。もっとも、あるデータを限定提供データとして取り扱う場合、①限定提供性や、不競法19条１項８号ロ[20]との関係で、データを他者に提供する際

【18】　なお、2023年６月７日成立の「不正競争防止法等の一部を改正する法律」により、「限定提供データ」の定義は、「業として特定の者に提供する情報として電磁的方法（…）により相当量蓄積され、及び管理されている技術上又は営業上の情報（営業秘密を除く）」（改正不競法２条７項）に改正されており、同法は、2024年４月１日に施行されることとされています。

【19】　もっとも、公序良俗に反するデータは、④技術上または営業上の情報とは認められず、「限定提供データ」にあたりません（経済産業省「限定提供データに関する指針」（最終改訂：2022年５月）14頁）。

【20】　2023年６月７日成立の「不正競争防止法等の一部を改正する法律」施行後は、不競法19条１項９号ロ。

に第三者提供の禁止等を定めるなど適切な対応をする必要があります。

5．契　約

以上の法律上の制度による保護とは別に、データの提供先等の契約相手方に対し、契約上、データの利用に制限をかけることで、データを保護することも可能です。データベースの著作物等の法律上の保護制度は、法律上の要件を満たした場合に活用できる制度であり、具体的な取組みとの関係では活用が困難な場合もありますし、効果（データの保護の方法）も法律で決まっています。一方、契約により保護を図る場合は、柔軟な設計が可能ですので、使い勝手が良い面があります。また、特に営業秘密の秘密管理性や限定提供データの限定提供性といった要件充足のためには、契約による対応が重要ですので、法律上の制度の活用のために、契約を活用すべき場合もあります。一方、契約による保護は、著作権法や不競法による保護とは異なり、契約相手方にしか及ばず、契約相手方以外の第三者に何らかの請求をすることはできませんので、データが容易に流通する性質をもつこととの関係上、十分な保護を受けることができない場合が想定されます。

契約に基づきデータを他者に提供する場合で、一定の保護を及ぼしたいときは、たとえば、①提供先による第三者へのデータ提供の制限（派生データ【21】の第三者提供の制限を含みます）、②提供先によるデータの利用範囲・利用目的の制限（派生データの利用の制限を含みます）、③提供先によるデータの管理体制の義務付け（派生データの管理体制を含みます）といった事項を契約で規定するか検討することが必要です【22】。

【21】「派生データ」とは、「データを加工、分析、編集、統合等することによって新たに生じたデータ」をいいます（経済産業省「AI・データの利用に関する契約ガイドライン1.1版」（2019年12月）3頁）。

【22】その他、一般的なデータ提供契約に関する契約条項等については、経済産業省・前掲注21）参照。

Ⅳ．おわりに

本節では、主にデジタルツインによって現実環境をデジタルに再現する場合を想定し、その留意点や収集したデータの有効な活用のための保護について検討しました。筆者の能力の関係であらゆるデータを利活用する場面を想定した検討はできませんでしたが、本節が、特にデジタルツインによりデータの利活用をさらに推進しようとする企業の何らかの参考になれば幸いです。

（原稿受領日：2023年12月28日）

第５章

バーチャル空間のユーザー保護

【第１節】
メタバース空間における倫理的・法的・社会的課題の解決に関する考え方

大阪大学 社会技術共創研究センター　准教授　赤坂　亮太

Ⅰ．はじめに

メタバースをめぐるニュースの中には、メタバースに期待される経済的な効果の大きさや新たな体験の可能性といった明るいものがある一方で、VR空間上で痴漢行為が起こったことが問題となったり、３Ｄアバターに対する誹謗中傷に関する裁判であったりと暗いニュースがあることも事実です。

このような技術と社会の間に生じる問題点や課題のことをEthical, Legal and Social Issuesの頭文字をとってELSIと呼びます。本節ではメタバースのELSIに対する考え方について検討します。

Ⅱ．本節で扱う「メタバース」

検討に入る前に、本節で使うメタバースという言葉の定義をしましょう。メタバースという言葉は一種のバズワードとして耳聞を集めていますが、VRゴーグルを使うものと使わないもの、NFTやWeb3とともに語られるものとそうでないもの等さまざまなものがその範疇で語られており、その実態は掴みづらいものとなっています。

日本バーチャルリアリティ学会編の『バーチャルリアリティ学』では、以下の要件を備えるものをメタバースと定義しています。すなわち、①３次元のシミュレーション空間を持つ、②自己投射性のためのオブジェクト（アバター）が存在する、③複数のアバターが、同一の３次元空間を共有することができる、④空間内にオブジェクト（アイテム）を創造することができるといった要素です【1】。近時話題になっているメタバースは、いわゆるWeb３やNFTといった用語とセットになっていることが多いかもしれません。しかしながら、これらは、同書の定義からすればメタバースの定義には含まれない、言い換えれば必須の要件ではないということになります。むしろ、NFT等はユーザーやさまざまな参加者によって作られたメタバース上のオブジェクトを管理・取引するための数ある手段の１つと考えるべきでしょう。また、同書が出版された時点（2011年）での認識では、オンラインゲームについて「大量のユーザを処理するために、固定化された同一空間を多量並列に連携」し、ユーザーは自己投射性を当初の目的としたアバターではなくキャラクターとして配置されること、「構成要素や世界線、目的、ルールはパブリッシャが提供するためコミュニケーションもゲームに依存」することから、オンラインゲームプラットフォームは同書の定義の範疇を超えるものとされています【2】。しかしながら近年においては、RobloxやMinecraftといった、ユーザーも含めた多くのプレイヤーがプラットフォーム内にオブジェクトやある種の世界を構築し、キャラクターというよりは自身の分身としてのアバターを操縦するタイプのゲームも人気を博していることから、この境界は曖昧になってきているといえるでしょう。

また最近では、このような空間における経済圏の確立や、大規模な同時接続性、相互運用性といった要素があるべきメタバースの姿であるとする説もあります【3】。特に相互運用性について、これがあるも

【1】 日本バーチャルリアリティ学会編『バーチャルリアリティ学』251頁（コロナ社、2011）。

【2】 同上。

【3】 Matthew Ball, *The Metaverse: What It Is, Where to Find it, and Who Will Build It*, MATTHEWBALL.VC , Jan 13, 2020, https://www.matthewball.vc/all/themetaverse.

のはオープンメタバースと呼ばれますが、概念としてはさらにこれを拡張して運営主体のいない非中央集権型メタバースの構想も存在するようです[4]。

本節では、バーチャルリアリティ学会の定義を充足するオンライン上のサービスをさしあたってメタバースの定義として広く捉えることとします。また、その中でVRを用いて社会的な交流を行うものを特にソーシャルVRという名前で指すこととします。

Ⅲ．何が問題だとされているのか

では、メタバースに関連してどのようなELSIが懸念されているのでしょうか。近時、多くのメタバースに関連するELSIについては、さまざまな媒体で多くの問題が生じうることが指摘されています。たとえば、メタバース空間上での財産の扱いについて、NFTを用いて「所有権」のような権利を付与したとしても、実際にその財産はデータであるので法的には所有権の対象とならないため認識に齟齬が生じるといったものや、よりリッチな情報（動作や視線等）を取得できることから強固なパーソナライズが可能になることによるプライバシー上の問題、データとして完全にコピーすることが可能なアバターの見た目に関連して、なりすましや、アバターに肖像権を観念できるかなど、幅広い問題が指摘されています。メタバースが世界を構築し、そこで経済も含めた社会的活動が行われることを考えれば、たとえば差別やある種の攻撃的な行動等、現実空間で起こりうる問題が幅広く起こるでしょう。メタバースの一部は現実空間を模倣した連動型のメタバースもありますが、このようなメタバースについては自由にユーザーらの創造物によって改変できるというメタバースの特性が現実空間にお

【4】　バーチャル美少女ねむ『メタバース進化論　仮想現実の荒野に芽吹く「解放」と「創造」の新世界』34頁（技術評論社、2022）。

ける利害関係者の参画への障壁となったり、公共性への配慮の必要性、現実空間における著作物の写り込みについて法的な懸念があること等、現実空間とメタバース空間が連動するからこその特有の問題があるようです[5]。

このような問題の中には、現実的な紛争には至っていないものの可能性として考えられるといった類のものから、すでに現実に起こりつつある問題までさまざまなものがあります。すでに起こりつつある問題の１つは、メタバース空間におけるセクシャルハラスメント行為等のいやがらせです。PlutoVRとThe Extended Mindの調査結果によれば、トランスジェンダーの55%、女性の49%、男性の36%がVR空間においてセクハラをはじめとする何かしらのハラスメントを経験したとされています[6]。また、直接メタバースの話ではなく関連する領域の話題ではありますが、３Ｄアバターを用いて活動している、いわゆるVTuberに対する誹謗中傷につき、名誉毀損や名誉感情への侵害が認められた事件があります。今後メタバース空間においてもこのような問題が顕然化する可能性は十分に考えられるでしょう。

Ⅳ. メタバース事業者による私的なコントロール

では、このような問題についてどのように対処するのでしょうか。メタバースは３Ｄ空間であったり自己投影のアバターという存在があるとはいえ、サイバースペース上のプラットフォームの延長線上の

【5】 このようなタイプの問題についてはバーチャルシティコンソーシアムが包括的なガイドラインを示しています。バーチャルシティコンソーシアム「バーチャルシティガイドライン Ver.1.5」2022年11月８日（https://shibuya5g.org/research/docs/guideline.pdf, 2022年11月８日最終閲覧）。

【6】 Pluto VR and The Extended Mind , Survey of Social VR Users, https://drive.google.com/file/d/1afFQJN6QAwmeZdGcRj9R4ohVr0oZNO4a/view, last visited 26th, Aug. 2022.

サービスという側面があります（ただし、前述したとおり非中央集権型のメタバースの構想があり、これが実現されればこの限りではなくなります）。したがって、従来のサイバースペースと同様の方法によって問題に対する対処が行われることが考えられるでしょう。今日のサイバースペースにおいてプラットフォームを利用するとなると、サービス利用規約等の規約に同意したユーザーに対して事業者はサービスを提供しつつそのような規約や行動準則に基づいた範囲で技術的なコントロールを行うという形になっています。メタバース上での問題への対処についても、メタバースがオンラインにおけるプラットフォームサービスの延長線上にあるものとすれば、同様に利用規約等の自主的な取組みと技術的なコントロールがユーザーの行為へのコントロールについて重要な役割を負うことになるでしょう。

メタバースに特化した利用規約や行動準則については、たとえばMeta社の「バーチャル体験に関する行動規範」[7]や、クラスター社の「cluster利用規約」[8]、NTTドコモ社の「XR World利用規約」[9]といったものが挙げられます。これらに何が書かれているのでしょうか。ここではまず代表的な例としてMeta社の「バーチャル体験に関する行動規範」の内容を見てみましょう。

この規範においては、まずMetaのミッションが「コミュニティづくりを応援し、実体験やバーチャル体験を通じて人と人がより身近になる世界を実現すること」であるとし、「コミュニティを構築することは、人々が自身の体験や考え方、アイデアを自分たちの声で、反論や不快に思われることを恐れることなく伝えられるようになることを

【7】 Meta「バーチャル体験に関する行動規範」（https://www.meta.com/ja-jp/help/quest/articles/accounts/privacy-information-and-settings/conduct-in-vr-policy/, 2022年10月31日 最終閲覧）。

【8】 クラスター株式会社「クラスター利用規約」（https://cluster.mu/terms, 2022年10月31日 最終閲覧）。

【9】 NTTドコモ株式会社「XR World利用規約」（https://xrw.docomo.ne.jp/terms/, 2022年10月31日 最終閲覧）。

意味」するとしています。そのうえでMeta社の「声、安全性、真正性、尊厳およびプライバシーに関する価値基準」に準拠するように求めています。

そして問題解決については「コミュニティの文化や意図等の状況に大きく依存」し、「体験を管理するクリエイターや管理者が第一の責任」を負うとの認識を示しており、それでも解決されない場合は開発者、さらなる問題の場合はMeta社が直接「開発者アクセスの制限やアプリの削除といった方法」により対処するとの手続きがとられています。

前述の価値基準に反する行為として以下のものが挙げられています。第1に「他の利用者、Meta、または開発者を欺く目的での行為や、Metaの製品やサービスを悪用する目的での行為」で、以下のものが例示されています。

- 他の人や団体になりすまし、身元詐称や偽アカウントの作成または使用を試みること（ロールプレイングやパロディの場合は、そのことを明確に示すこと）
- 不正行為、詐欺行為、その他の虚偽の行為
- 機密性の高い個人情報の収集および共有、晒し行為、ユーザーアカウントへの不正アクセス、アカウントログイン情報の共有、不正アクセス、マルウェアの拡散
- 13歳未満の子どもによるMetaアカウントの作成または使用

第2に「違法、不適切または身体的危害につながる可能性のある行為に関与または助長すること」が挙げられており、以下のものが例示されています。

・未成年者に対する搾取や虐待、未成年者を性的対象にすること
・いじめ、嫌がらせ、ストーカー行為、差別的行為
・暴力、人的搾取、人身売買、密入国のあっせんへの擁護および関与。テロ行為、差別団体または犯罪グループに関わる個人またはグループを支援または代表すること
・性的暴行、身体的暴行、自殺、自傷行為等、身体的危害を与える行為を助長する、または協力すること
・何らかの形による合意のない性的行為（他者の性的描写が含まれる画像を合意なくシェアすることも含む）
・知的財産権の侵害（著作権保護または商標登録されている素材の不適切な使用等）
・規制対象商品を違法な方法で販売、交換、販売促進すること

以上のように、価値観に基づいて禁止される行為が例示されています。長くなりますので細かくは説明しませんが、「cluster利用規約」や「XR World利用規約」においても、禁止行為が列挙されています。このように、自主的な取組みで禁止される行為を示し、メタバース空間を規律しています。

また、cluster利用規約やXR World利用規約においてはMeta社の行動準則には見られない点がいくつかあるのでこれも簡単に確認してみましょう。

cluster利用規約においては、プラットフォーム内で利用できるポイントやコイン、イベント等のチケットの取決めや、ユーザーが作成したユーザーコンテンツに関する権利の帰属、使用やスクリーンショットに関する扱いについて取決めがなされています。XR World利用規約においてもポイントやスクリーンショット等の取決めがみられます。メタバース空間においてはさまざまなプレイヤーがコンテンツを創造・供給し経済圏をつくりあげることを考えれば、このような規定は必須のものとなるでしょう。

技術的なコントロールの例としては、Meta社のHorizon WorldとHorizon Venuesにおいて実装された個人境界線が良い例でしょう。これは、自分のアバターと他者のアバターとの間に４フィート（約1.2メートル）の距離を保つ仕組みです。利用者が他のアバターの境界線に入ろうとすると、前進することができなくなります。デフォルトでは、自分と、友人以外のアバターとの間に設定されており、すべての利用者に対して設定することも、オフにすることもできます。Meta社によれば、これは「望まない交流を避ける」ことを目的としたもので、「VRのような比較的新しいメディアにとって、利用者の行動規範を確立するのに重要」であるとして常時かつ標準の設定として導入していると説明しています【10】。このように、技術的に行動を制限することで、問題に対処しようというわけです。

図表5-1-1：Meta社による個人境界線のコンセプトを説明するイラスト【11】

【10】 Meta「「Horizon Worlds」と「Horizon Venues」に個人境界線を導入」2022年２月７日（https://about.fb.com/ja/news/2022/02/personal-boundary/, 2022年９月28日最終閲覧）。

【11】 同上。

V. メタバースの秩序形成をどのように考えていけばよいか

メタバースを運営するプラットフォーム事業者は、以上のような自主的な規制を、技術的な手段も用いながら実践することでメタバースのELSIに対処することになるでしょう。では、このような方針で問題に対処することに問題はないでしょうか。あるいは、このような方針をとるとして､どのように運用していくことが望まれるでしょうか。

ここで参考となるのがいわゆるサイバー法と呼ばれる領域の研究者たちです。代表的なものは米国のサイバー法学者であるレッシグの議論でしょう。彼の議論を大雑把に説明すれば、人の行為を規制する要因としては法、市場、規範そしてアーキテクチャがあり、サイバースペースにおいてはハードウェアとソフトウェアの規則によるコードからなるアーキテクチャによる規制、すなわち上記で技術的なコントロールと書いたものが強く人の行為を規制するというものです【12】。そしてこのアーキテクチャを司るプログラマや事業者が人をコントロールするという局面において、あたかも法を制定するかのごとく振る舞えるという点がサイバースペースにおける規制の特徴だとしています。

このようなアーキテクチャによる規制は、個人の行動の制約が民主的な正当性を欠いた状態で行われるという点で懸念が示されてきました。これにより、憲法で規定されているよりも過剰に個人の自由が規制されてしまう可能性があるからです。また、コードによって行われる事業者やプログラマからの私的なコントロールには、人が気付かぬうちに事前に規制をかけることができるという特徴があることも指摘されています。このような考え方からすれば、コードによる問題解決は、事業者による一方的で過剰なコントロールを生み出すことにもつ

【12】 LESSIG, LAWRENCE, CODE AND OTHER LAWS OF CYBERSPACE (1999).

ながるという問題を引き起こしてしまうといえるかもしれません。

他方で、これはコードがもつある性質を無視しているとする研究者もいます。英国のサイバー法学者であるAndrew Murrayは、コードは単に設計や構築の道具ではなく、社会的・コミュニケーション的な側面があるものだと指摘します。そして、Murrayによれば、規制は常にコミュニティからの挑戦を受けているのだといいます【13】。

たしかにMeta社も、「ヴァーチャル体験における行動規範」において自らのミッションとしてコミュニティの構築を重視していましたし、前述のMeta社の個人境界線の説明において「VRの体験をより優れたものにするため、コミュニティからフィードバックを集め、常に改善し続けています」と宣言しています。どの程度フィードバックを集め、どのように改善に役立てているのか詳細は明らかではありませんが、このようにウェブページ上の公開される場で説明し、実際にアップデートも行われていることを見れば、一方的に、事前にユーザーが気付かぬうちに規制するといった認識とは違った見え方ができるかもしれません。

民主的な正当性がないという点についてはどうでしょうか。この問題点はそもそも、サイバースペースの世界が複数の国にまたがったプラットフォームにさまざまな人々が接続していることから、さまざまな国家の法や上記のコードのような非国家による法のような振る舞いをする規範に人々が晒される状況において重要な問題だといえるでしょう。

このようなサイバースペースへの規制については憲法や民主的正当性という、ある１つの法システム内部からの正当性よりも、他の視点から正当性を考えたほうがより良い規範を形成できるのではないかという考え方があります。たとえばPaiementは、法においてインプット、

【13】 MURRAY ANDREW, INFORMATION TECHNOLOGY LAW : THE LAW & SOCIETY §4.3 (4th. Ed. 2019).

スループット、アウトプットのそれぞれの段階における正当性を構想します。インプットの正統性とは、規範の生成過程における参加性と包括性に着目するもので、スループットの正統性は、規則制定過程の手続的な公正さと公平さを検証するものとされます。そしてアウトプットの正統性は、ルール自体の質、特に望ましい結果の達成という点に着目するものです【14】。英国のサイバー法研究者であるChris Reedは、このアウトプットの正当性に着目します。Reedによれば、「サイバースペースの利用者で、インプットやスループットの正当性を調査する時間や資源を持っている人はほとんどいない」ことに加えて「利用者の振る舞いにはほとんど影響を与えない」一方、アウトプットの正当性が最も大きな影響力を持つと主張します【15】。そしてサイバースペースにおけるアウトプットの正当性には次の3つの要因があるといいます【16】。

（i）名宛とコミュニケーション：法が、他の誰かではなくサイバースペース利用者に向けられたものであると認識される程度(extent)

（ii）法律の環境との整合性：法の規定が、サイバースペースの利用者が行動する他の環境とどの程度一致しているか

（iii）公平・公正な結果：法がもたらしそうな結果の公正さ、正義の認識

サイバースペースをうまく規律するためには、その規制がサイバースペースの利用者に向けられていてそれが認識されており、サイバー

【14】 Phillip Paiement, *Paradox and Legitimacy in Transnational Legal Pluralism*, Vol. 4 Transnational LEGAL THEORY 197 (2013).

【15】 Reed, Chris. *Why judges need jurisprudence in cyberspace*. 38.2, Legal Studies. 263, 266-267 (2018).

【16】 Reed, *supra*. 15 at 267.

スペース上の慣行や技術と整合的で、利用者に公平かつ公正な結果がもたらされうることが求められるというわけです。前述のAndrew Murrayはこのようなサイバースペース上のコミュニティが受け入れやすい規制の形を探る方法論を「共生型規制（symbiotic regulation）」と呼び、サイバースペース上のコミュニティに対する強制ではなく、対話を通じてインセンティブと説得を提案する手法がサイバースペース上の規律には有効であるといいます[17]。サイバースペースに対するアーキテクチャを用いた規制にまつわる懸念について、アウトプットの正当性を意識しながら利用者コミュニティと規制側の対話を行うことによって解決できるかもしれません。

実際に、バーチャルシティガイドラインにおいても、都市と連動するタイプのメタバースの運営については、「ユーザーらの自治によって（中略）運営できる仕組みを用意することが望ましい」としてローカルルールの設定をコミュニティに託すことも提案しています[18]。最近の調査では、多くのソーシャルVRユーザーはメタバース空間におけるハラスメント等の規律について「各プラットフォームによるガイドライン等によって規定されるべきであり法律によって一律に制限すべきではない」と考えているようです[19]。このような考え方がメタバース空間にあるとすれば、プラットフォームがメタバース空間内のコミュニティと対話を通じて受け入れられやすい規制のあり方を探る「共生型規制」の考え方は重要になってくるでしょう。

Ⅵ. 現実とメタバース空間

ところで、メタバース上のコミュニティとのインタラクションを重

【17】 MURRAY *supra.* 13 at 68.
【18】 バーチャルシティコンソーシアム・前掲注５）30-31頁。
【19】 バーチャル美少女ねむ、ミラ「メタバースでのハラスメント」2022年11月８日（https://note.com/nemchan_nel/n/n60fd28b43b3a, 2022年11月８日最終閲覧）。

視してELSIへの対策を考えるとして、メタバースにおいて何に気をつけるべきでしょうか。たとえば、３Ｄアバターへの誹謗中傷があったとして、規制を行う側はコミュニティとどのような考え方をもってインタラクションを行えばよいでしょうか。

この点につき、メタバースといっても「究極的には現実世界の人間社会を豊かにするため」にあるものであるから現実空間の価値を重視しようとする見解があり、日本の法学者である小塚壮一郎はこれを「現実の優位」の原則として提案しています。「仮想空間内の「リアル」な存在も、それによって主体である人間が、より大きな可能性を手にすることができるからこそ認められるのであって、逆に仮想空間内の存在を肯定したために現実世界での行動や生活が不自由になるということを認めるべきではない」というわけです[20]。この指摘はもっともであり、メタバースのELSIといっても、究極的にはこれを利用する現実の人間を守るために解決されるべきだと考えられます。

直接的にメタバースの事例ではありませんが、実際にVTuberの３Ｄアバターに対する誹謗中傷により名誉感情が侵害されたとして発信者情報の開示を命じる判決[21]においても、あくまで３Ｄアバターそのものではなくそれを操る「中の人」を保護する判断を行っています。アバターに表象されるキャラクターをＣとし、本人をＡとすると、この判決においてはＡが所属する事務所においてＣを演じているのはＡのみであり、ＣはＡの個性を活かして作成されたもの、Ｃの音声はＡの肉声であること、Ｃの動作はモーションキャプチャーによりＡの動きを反映したものであったこと、発信内容がＡの現実の生活における出来事等を内容としていたことから、Ｃの活動はＡの人格を反映したものであると認定しました。そして加害者はＣに対して「片親だから」、

[20]　小塚壮一郎「仮想空間の法律問題に対する基本的な視点 ―現実世界との「抵触法」的アプローチ―」情報通信政策研究第６巻第１号ＩB-1、IB-12（2022）。

[21]　このような事例は近年多くみられますが、ここでは最初期の事例として東京地判令和３年４月26日（Westlaw Japan文献番号2021WLJPCA04268004）を参照します。

「オヤナシだから」、「母親がいないから」等の言葉を浴びせたことが、Cとしての配信に反映されたA自身の行動を批判するものとして名誉感情への侵害を認めています。あくまでアバターそのものではなく「中の人」を基準に判断しているわけです。

他方で、メタバースにおけるELSIを考えるうえでは少し注意が必要です。たとえば、匿名で「中の人」がわからないアバターに対する名誉毀損があったとしましょう。名誉とは「人の品性、徳行、名声、信用等の人格的価値について社会から受ける客観的評価」[22]とされており、名誉毀損とはこのような社会的評価を下げることをいいます。「中の人」がわからないアバターに対して名誉毀損となる発言があったとして、本人の社会的評価を下げていないのだから問題ないといえるでしょうか？　これは難しい問題ですが、ここで気をつけなければならないのは、メタバース空間での活動においては自らの現実世界におけるアイデンティティとは切り離して活動することがよく見られるということです。メタバース空間においては、多くのユーザーが現実世界でのアイデンティティとは異なる属性で活動し、「アイデンティティのコスプレ」を行って「なりたい自分」として人生をおくっているといいます[23]。現実のアイデンティティとは切り離されたアイデンティティを纏って生活している中で、その表象であるアバターに対して名誉毀損があった場合、「中の人」の社会的評価に影響がなくとも、「中の人」の自由な生き方を守るためにも、メタバース空間内の存在に対する社会的評価を積極的に考慮することも必要になるのではないでしょうか。実際に近年の裁判例においては、オンライン上でハンドルネームを用いて活動していた者に対する誹謗中傷発言について、オンラインのコミュニティ上での活動を考慮して「中の人」への言及がなくとも名誉毀損となりえるとの判断を示すものも増えてきています[24]。メタバース空間においては「現実の優位」を守るために、場

【22】　最大判昭和61年６月11日民集40巻４号872頁。
【23】　バーチャル美少女ねむ・前掲４)。

合によってはあえて「メタバース空間の価値が優位」することもあるという補助線が必要になるかもしれません。

Ⅶ. おわりに

本節では、メタバース空間におけるELSIにいかに対処するかという問題について検討してきました。そして、ユーザー等の各利害関係者が社会性をともなって生活を営むメタバース空間においては、規制を行う側とコミュニティとの対話により受け入れられやすい規制のあり方を探る「共生型規制」の考え方が参考になるかもしれないことを示しました。そして、そこでは「現実の優位」という価値観が重要であること、その一方でメタバース空間内でのアイデンティティへの配慮が必要であることを見てきました。ただ、このようにELSIに対処していくとしても、実際にどのように紛争を解決して制裁や救済を行うかなど問題はまだまだあります。このような問題への１つの解決策としてはメタバース空間内にオンラインの裁判外紛争解決手段（ODR）を活用していくことも考えられますが、このような紛争解決手段がうまく働くかは今後のメタバースの発展の中での実践が必要です。メタバースはサービスとしても技術としても発展途上のものですが、ELSIの観点からの発展も期待したいところです。

謝辞

本稿はJSTムーンショット型研究開発事業「身体的共創を生み出すサイバネティック・アバター技術と社会基盤の開発」（Grant number JPMJMS2013）の一環として作成されました。

（原稿受領日：2023年12月28日）

【24】 東京地判令和１年12月19日（LEX/DB文献番号25583847）、東京地判令和３年11月４日（LEX/DB文献番号25602403）、東京地判令和３年12月23日（LEX/DB文献番号25603918）。

【第2節】

アバターに関する著作権と人格権

静岡大学 学術院情報学領域　教授　原田　伸一朗

Ⅰ．はじめに

本節では、アバターあるいはそれを用いるユーザーにはどのような権利が発生･帰属するか、著作権や人格権を中心に整理します。また、そうした権利の成立要件や、アバターあるいはユーザーに対する実際の侵害態様を踏まえ、どのようなことが論点・課題となるかを紹介します。

なお､「アバター」には、実空間上の有体物を操作するロボットアバター等を含むこともありますが､ここでは､特にバーチャル空間（本節ではゲーム・VR・メタバース等を広く指します）上でユーザーが操作するアバターや､バーチャルYouTuber（VTuber）等のCG･バーチャルアバターを念頭に置いています。

Ⅱ．アバターに関する著作権

まず、アバターに関する権利のうち、著作権法に規定されている権利（著作権・著作者人格権、著作隣接権・実演家人格権）を紹介します。

1．著作権・著作者人格権

（1）著作権とは

「著作権」とは、著作物を創作した著作者に原始的に帰属する権利で、その発生に登録は必要としません。具体的に行使可能な権利として、著作権法21条から28条に「複製権」「公衆送信権」等の支分権が規定されており、譲渡も可能です。

（2）著作者人格権とは

「著作者人格権」とは、著作権法18条から20条に規定されている著作者の権利で、財産権である前述の著作権とは異なり、著作者本人に専属します。具体的には、「公表権」（著作物を公表するかどうかを決める権利）、「氏名表示権」（著作物を公表する際、著作者名を表示するかを決める権利）、「同一性保持権」（著作物や題号に対して意に反する改変を受けない権利）があります。

（3）著作物とは

著作権は、「著作物」を創作することで発生します。「著作物」は、著作権法２条１項１号において、「思想又は感情を創作的に表現したものであつて、文芸、学術、美術又は音楽の範囲に属するもの」と定義されています。

（4）アバターは著作物に当たるのか

現状のサービスで見られる、人間・動物・ロボット等をキャラクター的に表現するアバターの多くは、マンガ・アニメ等に描かれたキャラクターと同様、創作的な表現であると認められるでしょう。したがって、アバターの画像・映像【1】は、前述の「著作物」に該当します。

ただし、いわゆる「ありふれた表現」、たとえば「棒人間」のような記号的・簡素なものは、創作性の要件を欠き、著作物に該当しない可能性もあります。また、人の実写を取り込んで作成したフォトリアルなアバターは、そのモデルとなった人物の肖像権については別途成立しやすいものの、「著作物」には該当しにくいでしょう。

（5）アバターの著作者は誰か

アバターの制作は、個人が１人ですべての工程を行う場合もありますが、基本となるキャラクターや衣装のデザインを担当するイラストレーター（「絵師」等とも呼ばれます）のほか、そのデザインを元にパーツを制作し、映像画面上での動作を可能にするモデリング【2】を行うモデラー等、複数の「著作者」が関わる場合があります。そうした制作工程や、対象となる著作物の単位（静止画、動画）によっても、「著作者」の認定が異なる可能性があります【3】。

また、職務著作（著作権法15条）に該当する場合は、法人が著作者となります。

（6）キャラメイクは創作か

オンラインゲーム等において、プレイヤーは髪型や肌の色等の複数のパラメータを選択し、それを組み合わせることで、自分の“オリジナル”なアバターを設定することができます。プレイヤーがそうして生み出したアバターに対して著作権を持つことはないとしても【4】、

【1】　ポパイネクタイ事件（最判平成９年７月17日民集51巻６号2714頁）では、「著作物」に当たるのは、ポパイというキャラクターそのものではなく、それを具体的に表現した漫画であるとされています。

【2】　ただし、アバターの基本的な挙動を可能にする機械的なモデリングが、「創作性」を有する表現といえるかは問題となりえます。

【3】　著作権法上の「共同著作物」あるいは「二次的著作物」の該当性も問題になりえます。

【4】　「新技術と法の未来１　仮想空間ビジネス」ジュリスト1568号（2022）65頁〔上野達弘発言〕は、認められる場合もあるとしています。メタバースはUGC（User Generated Content）と親和性が高い世界であることから、ユーザーが制作に関与したコンテンツの扱いについて、利用規約等で明確にしておくことが重要です。

ときに何時間もかける「キャラメイク」という行為は、相当の“創作性”を有するのではないかとも思われます。もちろん、プラットフォームが提供する素材を組み合わせているだけならば、生み出されるアバターもその範囲内にあるともいえますが、文字どおり「無数」の組み合わせの中から、美的に成立するキャラクターを“選び出す”行為は、一種の“創作”にも類似・接近してきます。そのようにして生み出された他人のアバターを“パクる”ことが問題になる可能性もあるでしょう。

（7）著作権侵害アバターの存在

プラットフォーム等が公式に提供するアバターだけでなく、ユーザーが自らアバターを制作して持ち込めるソーシャルVR等においては、著作権侵害と思われる違法アバターも初期にはよく見受けられました。別のゲーム等におけるキャラクターデータをリッピングしたアバターや、既存の著名IPを無断でアバター化したもの【5】、公式に配布されているアバターを利用規約・二次創作ガイドライン等に違反して利用するもの等です。特に性的な姿への改変は、多くの規約等が禁止しているものですが、翻案権・同一性保持権侵害に該当しうるでしょう。既存のアバターの衣装替え等もこうした権利を侵害しないかが問題になります。

（8）アバターユーザーとの対抗問題

アバターの著作者・著作権者と、そのアバターのユーザーが異なる場合に利害衝突が生じることがあります。著作物としてのアバターに対しては、あくまでアバターの著作者・著作権者の権利が及びます。

【5】　中崎尚「仮想世界（ヴァーチャルワールド）内の著作権侵害への対応」The Lawyers 5巻3号（2008）は米国における事例を紹介しています。そのようなキャラクタークリエーションを容易にするツールをプラットフォーム側が提供していると、事業者の責任が問われやすくなります。

ユーザーとしては、利用権・利用規約の範囲内でアバターを利用することはできますが、自己の分身として愛着を持つに至ったアバター、特にVTuberにとっては自己の活動・アイデンティティの根幹ともいえるアバターが、実のところ“自分のものではない”ことにもなります。そこで、アバター制作者やプラットフォームはアバターの改変や提供中止・サービス終了をどこまで自由にできるのか【6】、ユーザー側の何らかの権利・利益（人格権等）との対抗が生じないかが問題となります【7】。

2．著作隣接権・実演家人格権

（1）著作隣接権とは

「著作隣接権」とは、著作物の伝達に重要な役割を果たしている者（実演家、レコード製作者、放送事業者、有線放送事業者）に与えられる権利です。このうち、アバターの操作者には「実演家」としての権利が成立する可能性があります。

（2）実演家人格権とは

「実演家人格権」とは、著作権法90条の２から３に規定されている実演家の権利で、著作隣接権とは異なり、実演家本人に専属します。具体的には、「氏名表示権」（実演を公表する際、実演家名を表示するかを決める権利）、「同一性保持権」（実演に対して自己の名誉声望を

【6】　角本和理「いわゆる“仮想財産”の民法的保護に関する一考察（一）：オンラインゲームサービス内のデータ保護にまつわる米中の議論を参考に」北大法学論集65巻３号（2014）は、ユーザーの人格が投影されているゲーム内キャラクターは特に要保護性が高いとの議論を紹介しています。アバターをプラットフォームを越えて利用可能にする（アバターポータビリティ）ための技術規格・法規範の整備もいっそう求められるでしょう。

【7】　肖像権との対抗を検討したのが、拙著「バーチャルYouTuberの肖像権：CGアバターの「肖像」に対する権利」情報通信学会誌39巻１号（2021）です。

害する改変を受けない権利）があります。

著作物としてのアバターに関して著作権・著作者人格権を持たないアバターユーザーであっても、実演家人格権は、ユーザーに固有に認められる可能性がある権利として意義があります。

（３）実演・実演家とは

「実演」とは、著作権法２条１項３号により、「著作物を、演劇的に演じ、舞い、演奏し、歌い、口演し、朗詠し、又はその他の方法により演ずること（これらに類する行為で、著作物を演じないが芸能的な性質を有するものを含む。）」、「実演家」とは、同４号により、「俳優、舞踊家、演奏家、歌手その他実演を行う者及び実演を指揮し、又は演出する者」と定義されています。

（４）アバターの挙動は実演に当たるか

CGアバターが動いている映像は一般に「著作物」と考えられますが、モーションキャプチャー等の技術により、アバターユーザーの実際の動作を反映して生成された映像である場合は、ユーザーの「実演」にも当たる可能性があります。VTuberのほか、映画やゲーム等でも、俳優の動作をキャプチャーし、CG映像として表現した作品は近年多く見受けられます。ただ、あくまで「デジタル変換」された“実演”ですから、人間の生の「実演」とは異なる点をどう評価するかが問題となっています【8】。

コンテンツとして見ると、歌唱・朗読・ダンスや、台本・脚本に基づいて「役」としてのセリフや動きを演じるもの等は、「実演」とい

【8】　著作権法上の「実演」への該当性について、小倉秀夫＝金井重彦編著『著作権法コンメンタールⅠ（改訂版）』（第一法規、2020）69頁〔桑野雄一郎〕は消極的に、骨董通り法律事務所編『エンタテインメント法実務』（弘文堂、2021）290頁〔岡本健太郎〕は肯定的に解しています。なお、VTuberのファンであれば、演者の実際の動作をキャプチャーした動きか、MMD等の3Dモデルに手付けで動きをプログラムしたものかの判別は容易に可能とされるので、前者は全き「実演」であると評価すべきことになるでしょう。

えそうです。一方、単なる歩行、自然な体の挙動、アドリブの発話等については、「実演」とはいい難く、この場合のアバターユーザーは「実演家」には当たらないことになるでしょう。

Ⅲ．アバターに関する人格権

次に、アバターを用いるユーザー（VTuber等ではしばしば「中の人」と呼ばれます）が持ちうる権利として、「人格権」のうち主なものを紹介します。なお、人格権は、著作権法に規定されている前述の「著作者人格権」「実演家人格権」を除き、法令に明記されているものは少ないのですが、人格権一般の法律的根拠として、日本国憲法13条の「幸福追求権」、民法709条の「不法行為」の規定を挙げることができます。

1．名誉権

（1）名誉権とは

「名誉権」とは、人の名誉に対する権利であり、その侵害は民法上の不法行為のほか、刑法上の名誉毀損罪（230条）・侮辱罪（231条）にも該当します。

（2）名誉とは

判例【9】・通説においては、民事・刑事とも、「名誉」とは、人が社会から受ける客観的評価すなわち「社会的名誉」を指すとされ、本人の自己自身に対する主観的評価である「名誉感情」とは区別されます。

【9】　最大判昭和61年６月11日民集40巻４号872頁、最判昭和45年12月18日民集24巻13号2151頁、最決昭和58年11月１日刑集37巻９号1341頁。

ただし、民事では名誉感情も保護の対象となりえます。

（３）匿名・仮名の存在に対する誹謗中傷

いわゆる「誹謗中傷」の中には、本人の社会的評価を低下させる「名誉毀損」と、それには当たらなくても、本人の名誉感情（自尊心）を傷つけるものがあります。ただ、ハンドルネーム等を用いてインターネット上で活動する人物は、実在の人物と結びつかない「ネット上の人格」「バーチャル空間上の人物」にとどまるとされがちで、それに対して誹謗中傷が行われたとしても、本人の社会的評価を低下させることはないとして、名誉毀損の成立が否定されるという問題があります。

（４）同定可能性の問題

もしアバターに対して誹謗中傷がなされた場合、そのアバターの姿およびアバター名で活動する人物が、実在・特定の人物と第三者から同定可能であるかが問われます。汎用的なアバターを次々と乗り換えて用いているようなユーザーについては同定可能性は認めにくいものの、VTuberについて同定可能性、名誉毀損の成立を認めた裁判例【10】があります。素顔や本名が一般に知られていなくても、そのアバターで活動している者が実在し（AIやいわゆるNPCである可能性を排除でき）、別の誰かを指している可能性がなければ、十分同定可能と考えてよいのではないかと思われます。

２．氏名権

（１）氏名権とは

「氏名権」とは、氏名を正確に呼称・表記される利益、氏名を他人

【10】　東京地判令和３年12月17日（LEX/DB文献番号25602504）。

に冒用されない権利等、自己の氏名に対する権利・利益です。判例上、NHK日本語読み訴訟【11】やピンク・レディー事件【12】で認められています。ここでは、アバターの名前に関する権利問題を考えます。

（2）アバターネームは保護されるか

本名ではない通称、ペンネーム、芸名等も、本名と同様に通用されているのであれば、保護の対象となるとされます。一般にアバターネームについては、そのアバターユーザー本人をあらわすものとして通用・認識されている必要があるでしょう。

なお、（架空のものも含めた）キャラクターの名称は、一般に著作物には当たらないので著作権の保護対象ではありませんが、その商業的価値については商標権や不正競争防止法により保護を受けられる可能性があります。

（3）アバターネームは誰のものか

アバターネームを用いる権利は、特にタレントとして活動するVTuberに関して問題となりえます。VTuberの名称は、当該アバターを用いて活動する「中の人」のものでしょうか、命名した者のものでしょうか。企業や事務所に所属するVTuberの場合、VTuber名は企業・事務所が管理するものとされ、「中の人」がそこから独立・移籍した場合には、同じVTuber名（あわせてアバターも）を継続して用いることができなくなるのが通例です。しかし、その名前には、「中

【11】　最判昭和63年２月16日民集42巻２号27頁。「氏名は、社会的にみれば、個人を他人から識別し特定する機能を有するものであるが、同時に、その個人からみれば、人が個人として尊重される基礎であり、その個人の人格の象徴であつて、人格権の一内容を構成するものというべきであるから、人は、他人からその氏名を正確に呼称されることについて、不法行為法上の保護を受けうる人格的な利益を有するものというべきである」としています。

【12】　最判平成24年２月２日民集66巻２号89頁。「人の氏名、肖像等（略）は、個人の人格の象徴であるから、当該個人は、人格権に由来するものとして、これをみだりに利用されない権利を有すると解される」としています。

の人」自身の努力・功績によって獲得した価値も化体されているはずなので、そのような「中の人」の利益を保護する必要もありそうです。

この問題に関連して、芸名使用等をめぐって芸能人と芸能プロダクションが争った加勢大周事件【13】が参考になります。判決が「タレント側においても、その具有する能力をプロダクションの指示・拘束を受けることなく、いつでも自由独立に業界において存分に発揮したいという要求を抱くことがあり得、何人もこれを抑制することは許されないところである」と述べている点が注目されます。

（４）アバターネームの“冒用”

アバターネームに関しては、こういう問題もあります。それは、既存の著名人の氏名・芸名等を、オンラインゲームやメタバースプラットフォームのアカウント名・アバターネームとして第三者が無断で用いることで、その著名人本人が自己の名前でサービスを利用できなくなるという問題です。プラットフォームが不正な登録を防止する措置を取ることもありますが、有名VTuberに関して、ファンら第三者によってそのVTuber名がゲーム等のアカウント名として先に登録されており、当のVTuber本人が自己のVTuber名でアカウント登録できないという問題も発生しています。

そうした行為はおそらくファン心理によるもので、「なりすまし」「宣伝」等の悪用・冒用を意図した行為ではないとしても、本人と“偽者”の区別が付きにくいため、何らかの規律が必要でしょう。

【13】　東京高判平成５年６月30日判時1467号48頁。

3．肖像権

（1）肖像権とは

「肖像権」とは、自己の肖像をみだりに作成（写真撮影等）、公表されない権利・利益で、判例上、京都府学連事件【14】、法廷写真・イラスト事件【15】等で認められています。

（2）肖像の媒体

「肖像」の媒体として、裁判例で認められたことがあるのは、写真、イラスト画・似顔絵、胸像等です。当然CGも肖像に該当しうると考えられますので、著名人・知人等とそっくりなアバターを無断で作成・公表することは当人の肖像権を侵害する可能性があります。

（3）CGアバターの姿も「肖像」に当たるのか

では、「中の人」の素顔とは特に似ていないアバターとしての姿も、当人の「肖像」といえるでしょうか。たとえば、男性が女性キャラクターのアバターを用いている場合、そのアバターとしての姿は、当該男性の「肖像」といえるでしょうか。とても認めにくいように思われますが、仮面姿が“トレードマーク”となっている芸能人・レスラーもいるように、素顔だけが「肖像」とは限らないでしょう。本人を識別・特定する姿として周囲に認識されているのであれば、CGアバターの姿も、「中の人」の「肖像」と捉えられる可能性があるかもしれま

【14】　最大判昭和44年12月24日刑集23巻12号1265頁。「何人も、その承諾なしに、みだりにその容ぼう・姿態（略）を撮影されない自由を有するものというべきである」としています。

【15】　最判平成17年11月10日民集59巻９号2428頁。「人は、みだりに自己の容ぼう等を撮影されないということについて法律上保護されるべき人格的利益を有する」、「人は、自己の容ぼう等を撮影された写真をみだりに公表されない人格的利益も有すると解するのが相当であ」（る）としています。

せん。

（4）インゲームフォトグラフィー

ゲーム等のプレイ画面をスクリーンショット、ビデオキャプチャーで記録することは従来から行われてきましたが、近年、ゲーム・VR・メタバース内に存在する「バーチャルカメラ」を用いてバーチャル空間内の“映える”人物や風景を撮影することも盛んになり、一部は「アート」として評価されてもいます。

アバターやオブジェクトにも著作権があり、それを撮影したフォトグラファーも「バーチャルフォト」の著作権を得られるとして（プラットフォームの利用規約にもよりますが）、“カメラ”を向けられるアバターのユーザーにも対抗利益が認められるでしょうか。現実空間では、みだりに自己の写真を撮影されることは肖像権の侵害となりえます。もしアバターとしての姿にもユーザーの肖像権が及ぶのであれば、バーチャル空間内でも無断撮影や無断公表を拒否する権利として機能するかもしれません。

4．パブリシティ権

（1）パブリシティ権とは

パブリシティ権については、詳しくは次節に譲り、ここでは簡単に触れておきます。「パブリシティ権」とは、氏名・肖像等が持つ顧客吸引力という経済的価値を支配する権利です。その性質が「人格権」か「財産権」か学説上争われてきましたが、最高裁[16]は「人格権に

【16】　最判平成24年２月２日前掲注12)。「肖像等は、商品の販売等を促進する顧客吸引力を有する場合があり、このような顧客吸引力を排他的に利用する権利（以下「パブリシティ権」という。）は、肖像等それ自体の商業的価値に基づくものであるから、上記の人格権に由来する権利の一内容を構成するものということができる」としています。

由来する権利の一内容を構成するもの」と判示しています。

（2）アバターのパブリシティ権

最高裁が､パブリシティ権を「人格権に由来する」としたことから、「物」（動物含む）や「キャラクター」にはパブリシティ権は認められないこととなります。しかし、アバターの姿･動き･声等に、「中の人」の「肖像性」が認められ、それが顧客吸引力を持つのであれば、「アバターのパブリシティ権」を認め、「中の人」に帰属させる余地があると思われます。

人間の五官を通して知覚できる視覚・聴覚・嗅覚・触覚・味覚のうち、特にVTuberは、声が「中の人」の身体性を最も直接反映しています。実際、VTuberはボイス販売、ASMR配信等の聴覚コンテンツが豊富であり、「声の肖像権・パブリシティ権」を保護する必要性は高いといえます。

5．プライバシー権

（1）プライバシー権とは

「プライバシー権」は、私生活をみだりに公開されない権利として、「宴のあと」事件【17】を嚆矢に、判例上も承認されてきました。学説上は「自己に関する情報をコントロールする権利」といった積極的意義でも捉える見解があり、議論が盛んなところです。

（2）“身バレ”問題

狭義のプライバシーがアバターに関して問題になるのは、匿名・仮名で活動するアバターのユーザーが特定され、その正体や実社会での

【17】　東京地判昭和39年９月28日下民集15巻９号2317頁。

活動（本名、年齢、職業、住所、顔写真、過去等）が本人が望まない形で暴露されることです。ログには残りにくいものの、オンラインゲームのチャットで、プレイヤーの私生活が不意に話題にされることもあるでしょう。

VTuberに関して、その「中の人」の本名・年齢・顔写真を公開するインターネット掲示板への投稿をプライバシー侵害と認めた裁判例【18】があります。特にVTuberは、素顔や本名を公開せずに活動するのが通例ですので、それらが暴露されることは、「私生活の平穏」を害することになる可能性があります。

6．アイデンティティ権

（1）アイデンティティ権とは

「アイデンティティ権」は、法学・法実務上、近年認知度が高まりつつあります。主に「なりすまし」への対抗を念頭に置き、「他者との関係において人格的同一性を保持する利益【19】」として提唱された新しい権利です。裁判例【20】にも、「個人が、自己同一性を保持することは人格的生存の前提となる行為であり、社会生活の中で自己実現を図ることも人格的生存の重要な要素であるから、他者との関係における人格的同一性を保持することも、人格的生存に不可欠というべきである」として、そうした利益の存在を認めるものがあります。

【18】　東京地判令和２年12月22日（LEX/DB文献番号25587058）、東京地判令和３年６月８日（LEX/DB文献番号25601016）。
【19】　中澤佑一『インターネットにおける誹謗中傷法的対策マニュアル（第４版）』（中央経済社、2022）86頁。
【20】　大阪地判平成29年８月30日判時2364号58頁。

（2）なりすまし

自己が専属的・継続的に用い、周囲からもそう認知されているアバターやアバター名を第三者が無断で用いることは、自己との区別を付きにくくさせ、周囲からの誤認混同のおそれを生じさせます。それが自己の名誉等を侵害するような態様の場合は、従来どおり、名誉権等をもって対抗することができます。たとえば、自己になりすまして、差別的な発言を繰り返し、自己に対する社会的評価を低下させる場合等です。「なりすまし」に対抗するための法律構成としては、一般に「名誉権」「名誉感情」「プライバシー」「私生活の平穏」「肖像権」「氏名権」が考えられますが【21】、自己の氏名・肖像の冒用もなく、名誉等の侵害も特にない（むしろ自分に益する）「なりすまし」をされた場合、なおこれに対抗する権利として、「アイデンティティ権」を活用できる可能性があります【22】。

Ⅳ．おわりに

以上、アバターに関する著作権および人格権について、論点・課題も含めて紹介してきました。最後に全体を通じて２つの注意点を挙げたいと思います。

アバターの姿・挙動を、「著作物」とも「実演」とも「肖像」とも「個人情報」とも、さまざまな法的角度で重畳的に捉えることが可能な場合、それぞれを保護する法規範・権利の性質・射程を確認したうえで、適用・援用を検討する必要があります。

【21】 商事法務研究会「インターネット上の誹謗中傷をめぐる法的問題に関する有識者検討会 取りまとめ」（2022年５月）42頁以下参照。

【22】 ただし、商事法務研究会・前掲注21）47頁は、現時点において、アイデンティティ権は理念的な権利とは認められるが、裁判規範性を有するものとはいえないとしています。

そして、メタバースはじめバーチャル空間をインクルーシブで、持続可能な場所として発展させていくためには、ユーザー、アバター・オブジェクトのクリエイター、プラットフォーム事業者、参加事業者等、複数の権利者間での利害調整が必要になってきます。著作権等の法令で規定されている権利のほか、判例法を中心に形成されてきた人格権・人格的利益がときに大きな焦点になる場合もあることに注意が必要です。

（原稿受領日：2022年10月24日）

【第３節】

標識法によるアバターの保護

金城学院大学 生活環境学部　准教授　末宗　達行

Ⅰ．はじめに

いわゆる「メタバース」においては、「アバター」がコミュニケーション手段として重要な役割を果たすもので、アバターの存在はメタバースの定義の一部をなしているといえます。たとえば、日本バーチャルリアリティ学会編『バーチャルリアリティ学』【1】や、2022年４月に策定された「バーチャルシティガイドライン ver. 1」【2】を参照しますと、メタバースの要件の１つとしてアバターの存在を挙げており、アバターが不可欠とまではいえずとも重要な構成要素となっているといいうると思われます【3】。

では、アバターの定義は、どのようなものとされてきたのでしょうか。これもまた統一した定義は見受けられませんが、概してメタバース内における「自分の分身」と捉えられている【4】ように思われます。

【1】 日本バーチャルリアリティ学会編（舘暲ほか監修）『バーチャルリアリティ学』（日本バーチャルリアリティ学会、2011年）251頁［三淵啓自］。

【2】 バーチャルシティコンソーシアム『バーチャルシティガイドラインVer2.0』（2023年７月20日）６頁（https://shibuya5g.org/research/docs/guideline.pdf）。

【3】 AMTメタバース法務研究会「連載：メタバースと法（第１回）総論―メタバースと法」NBL1223号（2022年）17頁、グリー株式会社コーポレート本部法務知財部編『ビジネスのためのメタバース入門―メタバース・リアル・オンラインの選択と法実務』（商事法務、2023年）12-13頁も参照。

【4】 たとえば、日本バーチャルリアリティ学会編・前掲注１）251頁［三淵］、杉光一成「3Dデジタルデザインの法的保護―意匠法と著作権法の『死の谷』」NBL965号（2011年）108頁を参照。

もっとも、これを前提として、より明確な定義を試みる見解【5】もあります。また、国の大型研究プログラムである「ムーンショット型研究開発制度【6】」においては、目標１として「2050年までに、人が身体、脳、空間、時間の制約から解放された社会を実現」が掲げられ、ターゲットの１つとして「誰もが多様な社会活動に参画できるサイバネティック・アバター基盤」が挙げられており、「サイバネティック・アバター（CA）」という概念が用いられています【7】。CAは、「身代わりとしてのロボットや3D映像等を示すアバターに加えて、人の身体的能力、認知能力及び知覚能力を拡張するICT技術やロボット技術を含む概念【8】」であるとされ、メタバース内における「アバター」も含まれると考えられます【9】。

翻って、メタバースにおいては、多くの場合、現実世界と同様の経済活動が行われることが想定されるところ【10】、利用態様や姿形等がどのようなものかにもよりますが、アバターが商品の販売等を促進する顧客吸引力、識別力を有する場合も考えられます。そこで、本節は、いわゆるアバターに対して、パブリシティ権を含む標識法が現状どのような保護を与えているのか、そして、いかなる問題が存在するのかを明らかにし、それに対する解決策について若干の検討を加えること

【5】　バーチャルシティコンソーシアム・前掲注２）９頁。

【6】　総合科学技術・イノベーション会議 健康・医療戦略推進本部「ムーンショット型研究開発制度の基本的考え方について」（平成30年12月20日、令和２年２月27日一部改正）。

【7】　総合科学技術・イノベーション会議「ムーンショット型研究開発制度が目指すべき『ムーンショット目標』について」（令和２年１月23日）。

【8】　総合科学技術・イノベーション会議・前掲注７）２頁注２。

【9】　新保史生「サイバネティック・アバターの存在証明―ロボット・AI・サイバーフィジカル社会に向けたアバター法の幕開け―」人工知能36巻５号（2021年）570頁は、「ムーンショット目標１」におけるサイバネティック・アバターの概念を前提として、有体物CAと無体物CAの分類を提示しています。メタバース内における「アバター」は無体物CAに含まれると考えられます。

【10】　もっとも、グリー株式会社コーポレート本部法務知財部編・前掲注３）13頁が指摘するとおり、メタバースの成立要件として経済性を求めることまではできないと思われます。

を目的とします。

これまでみたように、アバターの定義は一定のものに収束をみませんが、本節の目的に照らして、さしあたりの検討対象としてのアバターの要素として、次に掲げるものを満たすことを前提としたいと思います。すなわち、①メタバースを構成する要素、その要件として「アバター」の存在が求められること、②「アバター」はメタバース内におけるコミュニケーション手段として重要な役割を果たすこと、③「アバター」との用語自体は、メタバース内での存在に限定されるわけではないが、メタバースに関する議論の文脈においては、ユーザーがメタバース内で操作・使用する「自分の分身」となるものをいうこと、です。

そのうえで、本節では、「アバター」の姿形（いわばその「肖像」）に焦点をあてて、実在の人物の再現であるもの（存命中の実在の人物の再現であるアバター、および亡くなった人物の再現であるアバター）と、実在しない存在の表現であるもの（アニメ調等の架空の存在の表現であるアバター、およびAI技術等により生成された非実在人物肖像）に分類して順次検討を行います【11】。

Ⅱ．存命中の実在の人物の再現であるアバター

存命中の実在の人物の再現であるアバターについては、たとえば、顧客吸引力を有する存命中の実在の人物（著名人）を再現したアバターの使用が問題となることが考えられます。こうした状況に最も関連すると考えられるのは、肖像等が有する商品の販売等を促進する顧客吸

【11】 新保・前掲注９）571頁、斎藤創＝今成和樹＝荒木みるく「メタバース×法律Ⅱ -ユーザーの演奏歌唱、ユーザー作成ワールドアバターと法律」So & Sato Law Offices HP（https://innovationlaw.jp/metaverse2/　最終確認2022年11月11日）、中崎尚『Q＆Aで学ぶメタバース・XR ビジネスのリスクと対応策』（商事法務、2023年）108-109頁を参考にしています。

引力を排他的に利用する権利である「パブリシティ権」です。もっとも、パブリシティ権を承認した最高裁判例である＜ピンクレディーdeダイエット事件上告審＞判決（以下単に「＜ピンクレディー＞判決」といいます）によれば、肖像等の無断使用すべてが一般にパブリシティ権により規制されるのではなく、「①肖像等それ自体を独立して鑑賞の対象となる商品等として使用し、②商品等の差別化を図る目的で肖像等を商品等に付し、③肖像等を商品等の広告として使用するなど、専ら肖像等の有する顧客吸引力の利用を目的とするといえる場合」【12】に限り、違法とされます。

では、存命中の実在の人物の再現であるアバターは、パブリシティ権の保護対象となるのでしょうか。＜ピンクレディー＞判決に示されるパブリシティ権の侵害判断基準においては、「人の氏名、肖像等」とされるのみで、その外縁は明らかではありません。調査官解説は、「本人の人物識別情報をいうものであり、たとえば、サイン、署名、声、ペンネーム、芸名等を含むものである」【13】としています。近時の裁判例では、ヴィジュアル系ロックバンドのグループ名についても、そのグループの構成員にパブリシティ権を認めたものがあります【14】。ここに存命中の実在の人物の再現であるアバターが含まれるかは問題となりうるところですが、学説では、ある人物の肖像を再現したアバターはパブリシティ権の保護対象となりうるとの見解【15】がみられます。

仮に存命中の実在の人物の再現であるアバターも「人の氏名、肖像等」に含まれるとしても、前述したとおり、その無断使用すべてが一般にパブリシティ権により規制されるわけではありません。＜ピンクレディー＞判決に示されるパブリシティ権の侵害判断基準では、パブ

【12】　最判平成24年２月２日民集66巻２号89頁＜ピンクレディーdeダイエット事件上告審＞。

【13】　中島基至「判解」最高裁判所判例解説民事篇平成24年（上）（一月～二月分）41頁。

【14】　東京高決令和２年７月10日判時2486号44頁＜FEST VAINQUEUR仮処分＞

【15】　たとえば、小塚荘一郎（司会）＝石井夏生利＝上野達弘＝中崎尚＝茂木信二「（連載：新技術と法の未来①）仮想空間ビジネス」ジュリスト1568号（2022年）65頁〔上野発言〕。

リシティ権を侵害する行為として３類型が示されているところ、これをそのまま額面どおりに受け取れば、「専ら肖像等の有する顧客吸引力の利用を目的とするといえる場合」の例示にすぎないと取ることもできます。しかし、パブリシティ権侵害が成立する場合は、３類型およびそれに準ずる程度に顧客吸引力を利用する目的が認められるものに限定的に解すべきとの理解が有力に示されています【16】。下級審も、報道に関連する目的で肖像を使用する場合を除いて【17】、基本的には問題となった行為が最判の３類型に該当するかどうかを判断しているように見受けられます【18】。そうであるとすれば、存命中の実在の人物の再現であるアバターの利用行為についても、まずは３類型に該当するかどうかを判断すべきことになるでしょう。

メタバース内において、第三者が自らのアバターとして、著名人を再現したものを用いる行為といってもさまざまな態様が考えられますが、

【16】 前掲・＜ピンクレディーdeダイエット事件上告審＞判決・金築誠志裁判官補足意見、中島・前掲注13）50頁。

【17】 報道に関連する目的で肖像を使用している場合には、端的に「専ら肖像等の有する顧客吸引力の利用を目的とするといえる場合」に該当しないとして、請求を棄却する傾向にあるようです。大阪高判平成24年６月29日（平成23年（ネ）3493号）＜光市母子殺害事件鑑定医＞［原審：京都地判平成23年10月28日（平成21年（ワ）3462号）］（過去にインタビューに応じた映像が、刑事事件の公判で証言を行った一審原告の人物像を紹介するために使用されたものとして侵害を否定）、東京地判平成26年１月28日（平成25年（ワ）14703号）＜里子虐待死報道（東京・中日）＞（原告の肖像の新聞への掲載は記事の内容を補足する目的であったとして侵害を否定）、東京地判令和２年12月21日（平成30年（ワ）26219号）＜太田光裏口入学報道＞［控訴審である知財高判令和３年12月24日（令和３年（ネ）10008号）もこれを支持。］（中吊り広告における肖像の使用が記事見出しを補足する目的であるとして侵害を否定）、東京高判令和３年12月22日（令和３年（ネ）1537号）＜俳優パワハラ報道＞（一審原告の肖像等の使用は、一審原告と所属事務所との紛争に関する情報を視聴者に伝えるためのものであるとして侵害を否定）などを参照。

【18】 東京地判平成25年４月26日判タ1416号276頁＜ENJOY MAX＞、知財高判平成25年10月16日（平成25年（ネ）10052号）＜嵐・KAT-TUNお宝写真＞［原審：東京地判平成25年４月26日判時2195号45頁］、知財高判平成27年８月５日（平成27年（ネ）10021号）＜週刊実話＞［原審：東京地判平成27年１月29日（平成26年（ワ）7213号）］、知財高判令和２年２月20日（平成31年（ネ）10033号）＜ジルスチュアート＞［原審：東京地判平成31年２月８日（平成28年（ワ）26612号、26613号）］、東京地判令和５年１月26日（令和３年（ワ）11118号）＜艦これ＞、知財高判令和５年９月13日（令和５年（ネ）10025号）＜FEST VAINQUEUR＞［原審：東京地判令和５年１月20日（令和元年（ワ）30204号）］。

まずメタバース内におけるコミュニケーション手段としてのアバターの使用であり、著名人を再現した姿形をしつつもあくまでアバターを操作する者自身であることが客観的に判別可能である態様が考えられます。たとえば、SNSアカウントにおいても、自らが応援支持する著名人の肖像をアイコン画像に使用しつつも、アカウント運営者自身のアカウントであることが客観的に判別可能な形で運営されているものも散見されますが、これと同様の使用態様です。この使用態様は私的な使用にとどまり、＜ピンクレディー＞判決にいう侵害判断基準における「商品等」に該当せず、パブリシティ権については非侵害となると考えられます【19】。他方で、当該第三者があたかも著名人本人であるかのようにふるまう場合も考えられるわけですが、これについては後述します。

では、メタバース内におけるコミュニケーション手段としてのアバターの使用にとどまらず、第三者が、著名人を再現したアバターを操作するなどして、メタバース内において取引される仮想アイテムの広告として使用した場合はどうでしょうか。＜ピンクレディー＞判決にいう「③肖像等を商品等の広告として使用する」行為に該当しうるかが問題となります。とりわけ「商品等」の意義が問題です。＜ピンクレディー＞判決における「商品等」の意義について、調査官解説は「商品又はサービスとして『商品化』されたものをいい、肖像等の使用が私的なものにとどまれば違法性を欠くというべきであるから、業としての行為（商業的利用行為）に限られる」【20】とします。パブリシティ権をめぐる従来の議論では「グラビア写真」が「商品等」に該当するかどうかの文脈での検討はみられるものの【21】、メタバース内において取引されるアイテムが「商品等」に該当するかは明らかではありません。パブリシティ権の本質は標識法であるとの理解のもとに、「商

【19】　中崎尚「バーチャルワールド（仮想世界・仮想空間）における法的問題点（2）各論（1）知的財産権―アバターや3D空間であるがゆえに生じる問題」NBL928号（2010年）54頁。

【20】　中島・前掲注13）40頁。

【21】　内藤篤「ポスト・ピンクレディー時代のパブリシティ権」著作権研究47号（2022年）6頁。

品等」の意義については、商標法における商品概念を参照することが有益である旨を指摘する見解【22】があることに照らしますと、メタバース内において取引される仮想アイテムについても、その商標法上の「商品」「役務」該当性の議論とパラレルに考えられます。商標法上、「商品」は「商取引の目的たり得るべき物、特に動産」と、「役務」は「他人のために行う労務又は便益であって、独立して商取引の目的たり得るべきもの」と理解されています【23】。なお、電子情報財についての「商品」と「役務」の区別については、ダウンロード可能な場合には「商品」、保存できないような形での提供がされる場合には「役務」と理解されています【24】。「商品」「役務」のいずれについても「商取引の目的たり得る」ことが求められますが、利用可能な仮想通貨やポイントが、現実世界の通貨に換金不能な場合などを念頭に仮想空間内での取引が「商取引」に含まれるのか否かについては議論がみられます【25】。もっとも、この点については、仮想通貨やポイントで決済されるとしても、仮想空間上の商品役務の出所を保護する必要を指摘する見解【26】もあります。翻って、パブリシティ権の「商品等」の意義につき調査官解説は「商品又はサービスとして『商品化』されたもの」【27】としていて、「商品」と「サービス」の区分はさして問題とはならないと考えられます。ただし、「『商品化』されたもの」の意義が問題となるでしょうが、商標法の「商品」「役務」概念において共通して求められる「商取引の目的たり得る」ことと同義と捉えてよいでしょう。単なる3Dのゲーム空間内の出来事ではなく、メタバース内

【22】　内藤・前掲注21）6頁。

【23】　特許庁総務部総務課制度審議室編『工業所有権法（産業財産権法）逐条解説』（発明推進協会、第22版、2022年）1531頁。

【24】　特許庁総務部総務課制度改正審議室編『産業財産権法の解説—平成14年改正』46頁、特許庁総務部総務課制度審議室編・前掲注23）1536頁。

【25】　中崎・前掲注19）48頁、小塚ほか・前掲注15）69頁〔上野発言〕。

【26】　本書第２章第２節（平澤卓人）を参照。

【27】　中島・前掲注13）40頁。

においては多くの場合には経済活動が行われることを考えますと、メタバース内の取引も原則として「商取引」と捉えてよいと思われ【28】、＜ピンクレディー＞判決にいう侵害判断基準における「商品等」該当性を肯定してもよいと思われます【29】。もっとも、現実世界の通貨に換金不能なメタバース内の仮想通貨、トークン等での決済しかできないとしますと、経済的利益を得られないので、商取引該当性は消極的に解するほかないとも思われます。なお、＜ピンクレディー＞判決以前の学説には「通常のコミュニケーションツールとしての利用から外れた、たとえば高額な対価の支払いと引き換えに、著名人の姿を有するアバターを用いて、公序良俗に反するようなサービスを提供する場合など」につき、顧客吸引力を悪用しているとして侵害が問題となりうるとの指摘【30】も見られますが、まずは３類型に該当するかどうかを判断すべきであろうことからしますと、これのみで直ちにパブリシティ権の侵害であると考えることは難しいであろうと思われます。

ここで、第三者が自らのアバターとして、著名人を再現したものをメタバース内におけるコミュニケーション手段として用いる行為のうち、当該第三者があたかも著名人本人であるかのようにふるまう場合（いわゆる「なりすまし」）について若干の検討を行いたいと思います。前述のとおり、第三者が自らのアバターとして、著名人を再現したものをメタバース内におけるコミュニケーション手段として用いる行為にとどまるのであれば、パブリシティ権侵害は問題とならないと考えられます。しかしながら、当該第三者があたかも著名人本人であるか

【28】　小塚ほか・前掲15）69-70頁〔中崎発言〕参照。

【29】　アバターを使用した商品役務の広告活動に著名人を再現したアバターを使用する行為について、パブリシティ権侵害を肯定する見解として、斉藤邦史「仮想空間におけるアバターのアイデンティティ」法学セミナー817号（2023年）29頁、誠子夜火猫「知的財産権の対象としてのアバターの名前・肖像（あるいは私自身）」法学教室515号（2023年）22頁。また、松尾剛行「『サイバネティック・アバターの法律問題』連載第７回サイバネティック・アバターとパブリシティ権～場合分けによる分析～」InfoCom T&S World Trend Report 415号（2023年）33頁も参照。

【30】　中崎・前掲注19）54頁。

のようにふるまう場合を想定しますと、たとえば、現実世界において肖像等に顧客吸引力を有する著名人Ｘが、メタバース内においても活動を展開しようとするとき、第三者が著名人Ｘを再現したアバターを使用して著名人Ｘになりすましていると、メタバース内において著名人Ｘ本人のアバターにより顧客吸引力を獲得する機会を失わせることにならないか、との疑問も成り立つところです。肖像権、「アイデンティティ権【31】」でも対応できるかもしれませんが【32】、いずれについてもなりすましそれ自体があることをもって直ちに不法行為としないと考えられる以上【33】、顧客吸引力を獲得する機会の喪失が問題であるとすると、その冒用から保護を与えるパブリシティ権によっても対応することも考慮の余地はあるのではないでしょうか【34】。そして、裁判例においては、基本的にはパブリシティ権は肖像等の商業的価値に基づくものであり、財産的損害を填補する役割は、肖像権ではなくパブリシティ権が担うべきと考えられているとみられるところ【35】、顧客吸引力を獲得する機会の喪失は財産的損害といえようかと思いますので、パブリシティ権により対応すべきものと考えます。もっとも、＜ピンクレディー＞判決のいう侵害判断基準における３類型には該当しないため、３類型に付加された「など」に該当するかどうかを検討することとなるでしょう。調査官解説は、「など」の意義

【31】　大阪地判平成28年２月８日判時2313号73頁は、「『他者との関係において人格的同一性を保持する利益』という意味でのアイデンティティ権」という言及を行っています。のちに、大阪地判平成29年８月30日判時2364号58頁は、不法行為法上保護される人格的利益のなかに「他者から見た人格の同一性に関する利益」も含まれうるとしたうえで、その行為が不法行為となるか否かについては「他者から見た人格の同一性が偽られたからといって直ちに不法行為が成立すると解すべきではなく、なりすましの意図･動機、なりすましの方法･態様、なりすまされた者がなりすましによって受ける不利益の有無･程度等を総合考慮して、その人格の同一性に関する利益の侵害が社会生活上受忍の限度を超えるものかどうか」を基準とすべきとしました（同判決の事案においては、結論として違法性を否定）。前掲・大阪地判平成29年８月30日のいう「他者から見た人格の同一性に関する利益」も、「他者との関係において人格的同一性を保持する利益」とほぼ同じものを指し示していると解されます。

【32】　関真也『XR・メタバースの知財法務』（中央経済社、2022年）173頁、中崎・前掲注11）111-112頁。

につき、「３類型と違法性において実質的に同一である（「均等」）と評価されるような場合に、パブリシティ権の禁止効の及ぶ範囲を例外的に拡張するもの」とし、「インターネット上の個人のファンサイトまたはブログに肖像写真を多数掲載するような行為」を例に挙げつつ、

【33】 木村和成「判批」私法判例リマークス56号（2018年）15頁。「アイデンティティ権」については、前掲注31）に示すとおり、前掲・大阪地判平成29年８月30日は明確にその旨を述べています。また、肖像権については、たとえば、東京地判平成30年３月８日（平成29（ワ）16746）は、宗教法人の代表者が自らのオフィシャルWEBサイト等で公表している写真画像を、SNSのなりすましアカウントのプロフィール画像として用いられた状況において、当該代表者の通称名を冒用していることや、なりすましによる不法な経済的利益の享受を意図していることをもって、受忍限度を超えるとして肖像権侵害を認めています。

他方で、学説には、氏名権に関する議論を参照したうえで、「肖像等を本人の承諾なく利用することをもって肖像権侵害と考える余地もある。」とする見解もあります（遠藤史啓「判批」私法判例リマークス58号（2019年）45頁）。また、「アイデンティティ権」についても、前掲・大阪地判平成28年２月８日が名誉毀損ならびにプライバシー権および肖像権侵害がいずれも成立しない中で、なりすましそれ自体に対する「アイデンティティ権」による保護の可能性を示唆したと理解する向きもありますが（メタバース上のコンテンツ等をめぐる新たな法的課題への対応に関する官民連携会議『メタバース上のコンテンツ等をめぐる 新たな法的課題等に関する論点の整理』（2023年５月）44頁）、同判決は結論としてアイデンティティ権も非侵害とする中で「***損害賠償の対象となり得るような***個人の人格的同一性を侵害するなりすまし行為が行われたと認めることはできない」（強調は引用者による）としており、単なるなりすまし行為があれば直ちに権利侵害を認める考え方には立っていないと解されます。

【34】 具体的な検討は行われていないものの、パブリシティ権侵害の可能性を指摘するものとして、AMTメタバース法務研究会「連載：メタバースと法（第４回）メタバースとデータおよびセキュリティ」NBL1229号（2022年）81頁。また、松尾剛行「『サイバネティック・アバターの法律問題』連載第８回サイバネティック・アバターとなりすまし～アイデンティティ権、氏名権等を踏まえて～」InfoCom T&S World Trend Report 416号（2023年）34頁は、利用目的が顧客吸引力の利用に限られるという制約があるとしつつも、パブリシティ権による対応の可能性を示唆します。

【35】 前掲注18）・知財高判令和５年９月13日は、パブリシティ権の侵害による精神的損害を認めるべきとの一審原告らの主張について、「パブリシティ権は、人格権に由来する権利の一内容であっても、肖像等それ自体の商業的価値に基づくものであるから、特段の事情のない限り、精神的損害を認めることは困難」として、特段の事情が認められないことおよび「肖像権等の侵害による精神的損害としての慰謝料が認められる」ことから、パブリシティ権侵害を理由とする精神的損害を否定しました。同判決には、精神的損害の填補を肖像権に、財産的損害の填補をパブリシティ権にそれぞれ委ねる考え方が示されていると考えられます。もっとも、この考え方には疑問をさしはさむ余地があります（斉藤邦史『プライバシーと氏名・肖像の法的保護』（日本評論社、2023年）221-223頁を参照）。

「商品等」に該当しない肖像等の私的な肖像等の使用であったとしても、「など」への該当性は検討される余地を認めているとみられます【36】。さらに、＜ピンクレディー＞判決は、肖像等の商業的利用行為一般を規制すべきでない根拠として、「肖像等に顧客吸引力を有する者は、社会の耳目を集めるなどして、その肖像等を時事報道論説、創作物等に使用されることもあるのであって、その使用を正当な表現行為等として受忍すべき場合もある」としています。たしかに、自らのアバターにつき、著名人を再現したものをメタバース内のコミュニケーション手段として使用する行為一般については受忍すべきかもしれません。しかし、「なりすまし」については「正当な表現行為等として受忍すべき」とはいえないのではないかと思われます。さらに、メタバース内においては多くの場合には経済活動が可能であることや、アバターによる「なりすまし」が現実世界と比較して容易であり環境が大きく異なることを考えますと、違法性においては３類型と実質的に同一とみることができ、最判の時点では予測不能な事象であるとみることもできるのではないでしょうか。そうであるとすれば、いわゆる「なりすまし」については「など」該当性を肯定して、パブリシティ権侵害を認める余地はあるようにも思われます。

そのほか顧客吸引力を有する存命中の実在の人物（著名人）を再現したアバターの使用の問題については、不正競争防止法（以下、単に「不競法」といいます）２条１項１号によるパブリシティ保護に関する議論が参考となります。＜ピンクレディー＞判決以前の段階ではありますが、パブリシティ保護の根拠を不競法に求める学説【37】が見受けられます。もっとも、商品化型および広告宣伝型の基本的な類型においてすら十分に保護が与えられるとは言い難く、パブリシティ権に

【36】　中島・前掲注13）50-51頁。

【37】　代表的なものとして、井上由里子「パブリシティの権利の再構成―その理論的根拠としての混同防止規定」筑波大学大学院企業法学専攻十周年記念『現代企業法学の研究』（信山社出版、2001年）127頁以下。

よる保護が考えられる範囲では、独自の意義を見出しにくいのが実情でしょう【38】。

Ⅲ．亡くなった人物の再現であるアバター

亡くなった人物の再現であるアバターについては、たとえば、歴史上の有名な人物の肖像等に似せたアバターの使用が問題となる可能性があります【39】。

存命中の実在の人物の再現であるアバターの場合に主な対応手段となるパブリシティ権については、亡くなった人物の場合、存命中の実在の人物とは別個に論じる必要があります（死後のパブリシティ）。＜ピンクレディー＞判決は、パブリシティ権を「人格権に由来する権利の一内容を構成するもの」と位置づけています。これを受けて調査官解説では、パブリシティ権は本人の死亡とともに消滅するとの理解が示されています【40】。しかし、学説には「人格権に由来する権利の一内容を構成するもの」であるとしても、死後にすべて自由に肖像を利用できるとの結論は不当との見解【41】もみられます。もっとも、仮に死後のパブリシティの保護を認めるとしても、立法によらなければならないのかなど議論が収束していないことを考えますと、存命中の実在の人物を再現したアバターの議論をそのまま当てはめるのは困難と言わざるを得ません。

【38】　拙稿「イギリスにおけるPassing offによるパブリシティ保護（三・完）不正競争防止法・混同防止規定によるパブリシティ保護への示唆」早稲田大学大学院法研論集159号（2016年）262-263頁。東京地判平成31年１月25日（平成29年（ワ）40121号）＜遠隔診療医師＞、斉藤・前掲注35）226-228頁も参照。

【39】　石黒浩「アバターによる仮想化実世界の倫理問題」人工知能36巻５号（2021年）561頁。

【40】　中島・前掲注13）28頁。

【41】　たとえば、米村滋人「人格権とパブリシティ権の法的性質—民法の立場から」著作権研究47号（2022年）18-19頁、高林龍『標準著作権法』（有斐閣、第５版、2022年）323頁等。小泉直樹「パブリシティ権保護の近況」曹時72巻３号（2020年）493-495頁も参照。

ここでは、不競法２条１項１号によるパブリシティ保護に関する議論が意味を持つのではないかと思われます。存命中の人物に関する議論ですが、パブリシティ保護の根拠を不競法に求める学説は、商品化型については、イメージを損なわないような何らかの品質統制の下で許諾が行われているであろうこと、および有名人による商品化のライセンスビジネスの社会的な認知から、＜プロフットボール事件＞最高裁判決【42】におけるのと同様の意味での「誤信」が生ずるとし、広告宣伝型については、氏名や肖像等を無断利用された有名人が、当該商品等を積極的に推奨しているような印象を作り出すこととなり、有名人の氏名・肖像等が品質保証機能を果たしていると評価しうるとしています【43】。こうした理解を前提に、不競法２条１項１号により商品化型および広告宣伝型のパブリシティ保護の可能性を見出すのです【44】。学説では、さらにこれを死後のパブリシティ保護にも適用する可能性を指摘する見解【45】もあり、亡くなった人物の再現であるアバターについての議論にも応用しうると考えられます。もっとも、パブリシティ保護の根拠を不競法に求める学説に対しては、有力な批判【46】も存在していまして、必ずしも十分な保護が期待できるわけではないというのが実情です。

Ⅳ．実在しない存在の表現

実在しない存在の表現であるアバターは、アニメ調等の架空の存在の表現であるアバター、およびAI技術等により生成された非実在人

【42】　最判昭和59年５月29日民集38巻７号920頁。

【43】　井上・前掲注37）155、158-160頁等。

【44】　前掲注38）・東京地判平成31年１月25日＜遠隔診療医師＞。

【45】　宮川美津子「不正競争防止法による顧客吸引力保護の限界――死者のパブリシティ権の保護を事例として」牧野利秋先生傘寿記念『知的財産権　法理と提言』（青林書院、2013年）932頁以下、拙稿・前掲注38）263頁。

【46】　田村善之『不正競争法概説』（有斐閣、第２版、2003年）511頁注６。

物肖像からなるアバターに分類することができます。このうちアニメ調等の架空の存在の表現であるアバターについては、おおまかに、既存のキャラクター等をアバターに変換する場合と、アバター独自で創作されたものである場合とにさらに分類できるかと思いますが、前者についてはアバター独自の問題というわけではないでしょうから【47】、本節では後者のみ検討を行うことにします。

実在の人物ではない、アニメ調等の架空の存在の表現であるアバターはパブリシティ権により保護されうるのでしょうか。この点に関して、＜ギャロップレーサー事件上告審＞判決【48】は、「競走馬の名称等が顧客吸引力を有するとしても、物の無体物としての面の利用の一態様である競走馬の名称等の使用につき、法令等の根拠もなく競走馬の所有者に対し排他的な使用権等を認めることは相当ではな〔い〕」と判示していることに留意する必要があります。同判決の射程については議論がありますが【49】、この判示を受けて一般に、物のパブリシティ権は認められないとされています【50】。これを踏まえれば、異論は見られるとはいえ【51】、架空の存在の表現であるアバターにつき、そのアバター自体のパブリシティ権が認められる可能性は低いということになりましょう【52】。

もっとも、物の名称、肖像等の無断利用が不法行為に該当する可能性について、＜ギャロップレーサー事件上告審＞判決は、競走馬の名

【47】　不競法2条1項1号および2号による対応については、関・前掲注32）38-39頁を参照。

【48】　最判平成16年2月13日民集58巻2号311頁。

【49】　上野達弘「『知的財産法と不法行為法』の現在地」日本工業所有権法学会誌45号（2021年）201頁。

【50】　＜ピンクレディーdeダイエット事件上告審＞判決の金築誠志裁判官補足意見も参照。

【51】　アバターの操作主体である自然人の実際の容貌を反映していないとしても、架空の存在の表現であるアバターの姿形をその自然人の「肖像等」とみることができるとする見解として、原田伸一朗「バーチャルYouTuberの肖像権―CGアバターの『肖像』に対する権利―」情報通信学会誌39巻1号（2021年）5頁。

【52】　中崎・前掲注19）54頁、山本大介「【弁護士解説】メタバース事業における法的課題と対策（3/4）」GVA Professional Group HP（https://gvalaw.jp/blog/b20220825　最終確認2022年11月11日）。

称を無断でゲームソフトに利用する行為について物のパブリシティ権侵害を理由とする不法行為に基づく損害賠償請求を否定したにとどまり、他の法律構成による損害賠償請求は否定していないとみられます【53】。そして、＜北朝鮮映画＞事件最高裁判決【54】にも照らしつつ、請求権者が「物の名称等を使用して現に営業活動を行っているなど…営業上の利益を有することが必要条件」であり、また顧客吸引力の利用行為が＜ピンクレディー＞判決の３類型に該当することも必要条件であるとしたうえで、これに加えて「営業活動を妨害する目的その他の強い詐害性が認められる場合に限り」不法行為を認める余地を認める見解【55】もみられます。

以上に照らしますと、架空の存在の表現であるアバターについては、原則として、パブリシティ権による保護は認められないものの、たとえば、①アバターを使用して商品等の広告を行うなどして営業上の利益を有するとの前提で、②そのアバターを第三者が無断で商品等の広告として使用するなど、＜ピンクレディー＞判決の３類型に該当する利用を行う場合において、当該第三者がアバターの運営者の営業活動を妨害する目的であったとすれば、不法行為による損害賠償請求を認容する場合はありうるのではないかと思われます。

その他の標識法として、不競法２条１項１号および商標法による保護も考えられます。不競法２条１項１号についていえば、キャラクターの商品等表示該当性を検討した裁判例【56】は複数みられ、架空の存在の表現であるアバターもキャラクターと同様に考えることができ、商品等表示には該当しうるとみてよいでしょう。また、商標法についていえば、アバターとみられる登録例【57】が実際に確認できます。もっ

【53】　瀬戸口壮夫「判解」最高裁判所判例解説民事篇平成16年度（上）117-119頁、中島・前掲注13）53頁。

【54】　最判平成23年12月８日民集65巻９号3275頁。

【55】　中島・前掲注13）54頁。

【56】　たとえば、東京地判昭和57年９月27日無体集14巻３号593頁、東京地判平成２年２月19日判時1343号３頁等。

とも、不正競争に該当する、あるいは商標権侵害とされるには、これらの使用が商品等表示としての使用あるいは商標としての使用に該当する必要がありますが、たとえば、第三者が、自らのアバターにつき、商品等表示に該当するもの、または商標登録されたものを、メタバース内のコミュニケーションツールとして使用する行為は、一般的には、商品等表示としての使用、商標としての使用とはいえないと考えられます【58】。この点についてはアバター特有の議論というよりもむしろ、バーチャル空間内における仮想アイテムに係る商標法・不競法の議論と重なり合う部分が多いように思われます。

最後に、AI技術等により生成された非実在人物肖像からなるアバターについては、不競法２条１項１号および商標法についていえば、実在の人物ではない、アニメ調等の架空の存在の表現であるアバターに関する議論と変わるところがないのではないかと思われます。他方で、パブリシティ権についていえば、たとえば、学習用データセットに特定の実在の人物Xの写真が含まれているかいないかにかかわらず、AI技術等により自動生成された人物肖像が、実在の人物Xの肖像と同一のものとなる可能性が考えられ、偶然実在の人物の肖像と同一のものが生じることを特段考慮する必要はないものの、＜ピンクレディー＞最判の３類型の利用を行う場合には、データセット内のデー

【57】 商標登録第6462282号。

【58】 斎藤ほか・前掲注11)、小塚ほか・前掲注15) 69頁〔上野発言〕、東崎賢治＝近藤正篤「知的財産紛争実務の課題と展望（6）自らの存在を秘したままキャラクターを使用してインターネット上の活動を行う者の知的財産権等の権利保護に関する検討」JCAジャーナル68巻12号（2021年）49-50頁、誠子夜・前掲注29) 22頁も参照。

タと自動生成された人物肖像とを照合する注意義務が課されるとの見解【59】がみられます。

V．むすびにかえて

本節は、いわゆるアバターに対して、パブリシティ権を含む標識法が現状どのような保護を与えているのか、そして、いかなる問題が存在するのかを明らかにし、それに対する解決策につき若干の検討を加えました。メタバース内において取引される仮想アイテムに対する標識法による保護の議論とは異なる、標識法によるアバターの保護に関する特有の論点は、パブリシティ権をめぐる検討において見出されるように思われます。いわゆる「なりすまし」の問題や、物のパブリシティ権との関係については試論の提示を試みましたが、前者については肖像権やアイデンティティ権との関係、後者についてはVTuber等へのパブリシティ保護を認めようとする議論の存在等もあり、さらなる検討が求められるように思われます。本節の検討は甚だ不十分なものではありますが、仮に標識法によるアバターの保護に関する議論に資するところがあるとすれば幸いに存じます。

【付記】本稿は、科学研究費補助金（課題番号：19K01432、21H03763）による研究成果の一部であり、JSTムーンショット型研究開発事業、JPMJMS2215の支援を受けたものです。本稿は、〔口頭発表〕末宗達行「標識法によるアバターの保護」日本知財学会20周年記念、コンテンツ・マネジメント分科会連続研究会～日本を勝ちに導くXR/メタバースの知財政策と実務～第66回「アバターにまつわる権利関係」

【59】　柿沼太一「AI技術により自動生成された人物肖像の利用によるパブリシティ権侵害」法律時報94巻９号（2022年）42、44頁。

（第77回CMSC研究会）（2022年９月29日、オンライン）をもとに、2024年１月３日時点において最低限必要な加筆修正を行ったものです。
原稿提出後に、石井夏生利「芸能人のAIアバターとプライバシー・肖像権」ジュリスト1594号（2024年３月）41頁に接しました。

（原稿受領日：2024年１月３日）

【編著者紹介】

関　真也（せき　まさや）〈編集代表〉

関真也法律事務所　弁護士、ニューヨーク州弁護士、上級VR技術者

2007年東京都立大学卒業、2008年弁護士登録（第一東京弁護士会）。漫画、アニメ、映画、ゲーム、音楽、タレント、モデル、インフルエンサー等のコンテンツやファッションに加え、XR・メタバース、VTuber、NFT、AI、デジタルファッション等を多く取り扱い、関連する官公庁の委員等も務める。一般社団法人XRコンソーシアム監事、日本商標協会理事、日本知財学会コンテンツ・マネジメント分科会幹事、ファッションビジネス学会ファッションロー研究部会長等。主な著書に『XR・メタバースの知財法務』（中央経済社、2022年）、『ビジネスのためのメタバース入門―メタバース・リアル・オンラインの選択と法実務』（共編著、商事法務、2023年）、『ファッションロー（第2版）』（共著、勁草書房、2023年）等がある。

青木　大也（あおき　ひろや）

大阪大学大学院法学研究科　准教授

2006年東京大学法学部卒業、2008年同大学法学政治学研究科法曹養成専攻修了。同年同研究科助教、11年大阪大学知的財産センター特任講師を経て、13年より現職。産業構造審議会知的財産分科会意匠制度小委員会意匠審査基準ワーキンググループ・臨時委員（2016年～）、産業構造審議会知的財産分科会意匠制度小委員会・臨時委員（2018年～）、特許庁政策推進懇談会・メンバー（2024年）等。主な著書に『知的財産法（第2版）』（共著、有斐閣、2023年）、『図録知的財産法』（共編著、弘文堂、2021年）等がある。

久保田　瞬（くぼた　しゅん）

株式会社Mogura　代表取締役、「Mogura VR」編集長、XRジャーナリスト

慶應義塾大学法学部政治学科卒業後、環境省入省。2015年にVRやAR、メタバースの専門メディア「Mogura VR」を立ち上げ、株式会社Moguraを創業。この分野が社会を変えていく無限の可能性に魅了され、それを広げる事業を展開している。XR・メタバースの動向分析、コンサルティングが専門。一般社団法人XRコンソーシアム事務局長、一般社団法人VRMコンソーシアム理事。主な著書に『メタバース未来戦略』（共著、日経BP、2022年）がある。

バーチャル空間の
ビジネスと知財法務の教科書

令和６年７月20日　初版発行

検印省略

日本法令®

〒101-0032
東京都千代田区岩本町１丁目２番19号
https://www.horei.co.jp/

編著者　関　真也
　　　　青木大也
　　　　久保田　瞬
発行者　青木鉱太
編集者　岩倉春光
印刷所　丸井工文社
製本所　国宝社

（営　業）　TEL　03-6858-6967　　Eメール　syuppan@horei.co.jp
（通　販）　TEL　03-6858-6966　　Eメール　book.order@horei.co.jp
（編　集）　FAX　03-6858-6957　　Eメール　tankoubon@horei.co.jp

（オンラインショップ）　https://www.horei.co.jp/iec/
（お詫びと訂正）　https://www.horei.co.jp/book/owabi.shtml
（書籍の追加情報）　https://www.horei.co.jp/book/osirasebook.shtml

※万一、本書の内容に誤記等が判明した場合には、上記「お詫びと訂正」に最新情報を掲載しております。ホームページに掲載されていない内容につきましては、FAXまたはEメールで編集までお問合せください。

ISBN 978-4-539-73044-7